Debates feministas

FUNDAÇÃO EDITORA DA UNESP

Presidente do Conselho Curador
Mário Sérgio.Vasconcelos

Diretor-Presidente
Jézio Hernani Bomfim Gutierre

Superintendente Administrativo e Financeiro
William de Souza Agostinho

Conselho Editorial Acadêmico
Danilo Rothberg
Luis Fernando Ayerbe
Marcelo Takeshi Yamashita
Maria Cristina Pereira Lima
Milton Terumitsu Sogabe
Newton La Scala Júnior
Pedro Angelo Pagni
Renata Junqueira de Souza
Sandra Aparecida Ferreira
Valéria dos Santos Guimarães

Editores-Adjuntos
Anderson Nobara
Leandro Rodrigues

SEYLA BENHABIB
JUDITH BUTLER
DRUCILLA CORNELL
NANCY FRASER

Debates feministas
Um intercâmbio filosófico

Introdução

Linda Nicholson

Tradução

Fernanda Veríssimo

© 1995 by Routledge. Todos os direitos reservados.
Tradução autorizada da edição em língua inglesa publicada pela Routledge,
membro da Taylor & Francis Group LLC
© 2018 Editora Unesp

Título original: *Feminist Contentions. A Philosophical Exchange*

Direitos de publicação reservados à:
Fundação Editora da Unesp (FEU)
Praça da Sé, 108
01001-900 – São Paulo – SP
Tel.: (0xx11) 3242-7171
Fax: (0xx11) 3242-7172
www.editoraunesp.com.br
www.livrariaunesp.com.br
atendimento.editora@unesp.br

Dados Internacionais de Catalogação na Publicação (CIP)
de acordo com ISBD
Elaborado por Vagner Rodolfo da Silva – CRB-8/9410

D286
  Debates feministas: um intercâmbio filosófico / Seyla Benhabib ... [et al.]; traduzido por Fernanda Veríssimo. – São Paulo: Editora Unesp, 2018.

  Tradução de: *Feminist Contentions: A Philosophical Exchange*
  Inclui bibliografia.
  ISBN: 978-85-393-0765-4

  1. Ciências Sociais. 2. Sociologia. 3. Feminismo. 4 Pós-modernismo. 5. Benhabib, Seyla. 6. Butler, Judith. 7. Cornell, Drucilla. 8. Fraser, Nancy. I. Benhabib, Seyla. II. Butler, Judith. III. Cornell, Drucilla. IV. Fraser, Nancy. V. Veríssimo, Fernanda. VI. Título.

2018-1435   CDD 305.42
                   CDU 392

Editora afiliada:

Sumário

Introdução . 9
Linda Nicholson

Ensaios

1 Feminismo e pós-modernismo: uma aliança
complicada . 35
Seyla Benhabib

2 Fundações contingentes: feminismo e a questão
do "pós-modernismo" . 61
Judith Butler

3 Falsas antíteses: uma resposta a Seyla Benhabib
e Judith Butler . 93
Nancy Fraser

4 O que é feminismo ético? . 117
Drucilla Cornell

Réplicas

5 Subjetividade, historiografia e política: reflexões sobre o "debate feminismo/pós-modernismo" . *163*
Seyla Benhabib

6 Por uma leitura cuidadosa . *189*
Judith Butler

7 Repensando o tempo do feminismo . *215*
Drucilla Cornell

8 Pragmatismo, feminismo e a virada linguística . *233*
Nancy Fraser

Referências bibliográficas . *255*

Índice remissivo . *265*

Nota sobre o texto

"Feminismo e pós-modernismo: uma aliança complicada", de Seyla Benhabib; "Fundações contingentes: feminismo e a questão do 'pós-modernismo'", de Judith Butler; e "Falsas antíteses: uma resposta a Seyla Benhabib e Judith Butler", de Nancy Fraser, foram publicados pela primeira vez em *Praxis International* 11 (2 de julho de 1991). "Subjetividade, historiografia e política: reflexões sobre o 'debate feminismo/pós-modernismo'", de Seyla Benhabib; "Por uma leitura cuidadosa", de Judith Butler; "Repensando o tempo do feminismo", de Drucilla Cornell; e "Pragmatismo, feminismo e a virada linguística", de Nancy Fraser, foram publicados originalmente em alemão em *Der Streit um Differenz: Feminismus und Postmoderne in der Gegenwart* (Fischer Taschenbuch Verlag, 1993); eles aparecem aqui em português, traduzidos da edição americana de 1995, pela primeira vez.

Introdução

Linda Nicholson

Este volume é uma conversa entre quatro mulheres, iniciada em um simpósio organizado pelo Consórcio Filosófico da Grande Filadélfia [*Greater Philadelphia Philosophy Consortium*] em setembro de 1990. O tópico anunciado era feminismo e pós-modernismo. As palestrantes originais eram Seyla Benhabib e Judith Butler, com Nancy Fraser como mediadora. A escolha desse grupo específico não era acidental. Ainda que essas três teóricas tivessem muito em comum — obras bem estabelecidas sobre teoria feminista, influenciadas por trabalhos anteriores de filosofia continental —, elas também eram conhecidas por possuir jeitos diferentes de se relacionar com o mesmo tópico. Essa conjunção de similaridade e diferença, combinada à reputação de cada uma como teórica poderosa, assegurava um debate consequente. Com a confirmação desse resultado, os textos do simpósio foram publicados na revista *Praxis International* (11:2, julho, 1991). Depois dessa publicação, decidiu-se ampliar a discussão: foram incluídas uma contribuição de Drucilla Cornell e uma resposta de cada uma das integrantes da "gangue das quatro" à palestra original das outras, com a

Seyla Benhabib • Judith Butler • Drucilla Cornell • Nancy Fraser

posterior edição de tudo em um livro. O volume foi publicado originalmente como *Der Streit um Differenz* (Frankfurt, Fischer Verlag, 1993). O presente livro marca a aparição de uma versão de certa forma diferente do primeiro.

Apenas algumas características estruturais deste volume são descritas acima; não é dada ao leitor nenhuma ideia sobre o seu conteúdo. Mas articular o conteúdo deste volume é uma tarefa particularmente desafiadora, por razões que serão entendidas se considerarmos o que este volume não é. Em primeiro lugar, este volume não é uma antologia do estado atual da teoria feminista. Em 1995, se uma coleção de ensaios e réplicas escritos por quatro mulheres brancas dos Estados Unidos, saídas de uma certa tradição em uma disciplina particular, pretendesse representar a "teoria feminista", ela exprimiria um tipo de arrogância que seria rejeitada com veemência por cada uma dessas mulheres. Consequentemente, este volume não pretende fornecer nenhum tipo de panorama sobre a teoria feminista contemporânea. Nem mesmo propor uma discussão de ponta sobre "a relação entre feminismo e pós-modernismo". Ainda que a expressão "feminismo e pós-modernismo" tenha sido usada para divulgar o simpósio original, rapidamente surgiram divergências sobre a utilidade do termo "pós-modernismo" enquanto cada uma apresentava sua visão sobre a melhor maneira de descrever a discussão. Assim, a maior causa da dificuldade que eu, enquanto introdutora, tenho em explicar aos leitores "o que é este volume" é que, em parte, o que define essa discussão são visões diferentes "sobre o que trata essa discussão". A esse respeito, este volume não é uma antologia na qual o tópico foi previamente determinado e em que cada uma das colaboradoras foi chamada para discorrer sobre ele.

Debates feministas

Mas a característica particular deste volume, combinada com a complexidade e a riqueza das ideias expressas, torna problemática qualquer tentativa de caracterização abstrata do seu tema, em particular antes que o leitor tenha qualquer percepção do que as próprias autoras estão dizendo. Consequentemente, antes de inserir minhas próprias perspectivas sobre "do que fala este livro", vou primeiro fornecer um breve sumário das contribuições iniciais.

Benhabib respondeu ao tema do simpósio original situando a relação entre feminismo e pós-modernismo dentro das tendências culturais mais amplas. Para Benhabib, o tempo presente é aquele no qual algumas das tradições reinantes da cultura ocidental estão sendo minadas. Enquanto Benhabib acredita que muitas dessas tradições devam ser abandonadas, ela também acha que algumas formulações dessa reformulação eliminam demais. Consequentemente, uma grande parte de seu ensaio original tinha como objetivo separar o que deveria ser rejeitado pelas feministas daquilo que deveria ser mantido. A partir das afirmações de Jane Flax sobre alguns pilares centrais do pós-modernismo, Benhabib argumenta que todas essas teses podem ser articuladas tanto em versões fracas quanto fortes. As versões fracas oferecem território para o apoio feminista. No entanto, Benhabib defende que o pós-modernismo, que acabou identificado às fórmulas fortes dessas teses, representa aquilo que devemos rejeitar.

Assim, a partir de sua perspectiva, é totalmente apropriado que o feminismo rejeite a noção filosófica ocidental de um sujeito transcendente, autotematizado como universal e consequentemente livre de quaisquer contingências da diferença. Operando sob a alegação de que falava em nome de tal sujeito

Seyla Benhabib • Judith Butler • Drucilla Cornell • Nancy Fraser

"universal", a tradição filosófica ocidental articulou conceitos profundamente afetados por tais contingências. A leitura feminista da subjetividade apoiada por Benhabib reconheceria, assim, a profunda imersão de todos os sujeitos dentro da história e da cultura. Do mesmo modo, Benhabib acolhe críticas àquelas noções de história que levam à descrição da mudança histórica de maneiras unitárias e lineares. É apropriado que rejeitemos essas "grandes narrativas" da mudança histórica que são monocausais e essencialistas. Tais narrativas essencialmente suprimem a participação de grupos dominados e das narrativas históricas oferecidas por esses grupos. E, por fim, Benhabib apoia o ceticismo feminista em relação àquela compreensão da filosofia representada sob a etiqueta da "metafísica da presença". Ao mesmo tempo que acredita que, nesse caso, o inimigo tende a ser artificialmente construído, ela decerto apoia a rejeição de qualquer noção de filosofia que entenda essa atividade como a articulação de normas transculturais de conteúdo substantivo.

Contudo, enquanto existem formulações da "morte do homem", da "morte da história" e da "morte da metafísica" que são apoiadas por Benhabib, também existem formulações dessas teses que ela considera perigosas. Uma formulação forte da "morte do homem" elimina completamente a ideia de subjetividade. Ao fazê-lo, elimina aqueles ideais de autonomia, reflexividade e imputabilidade que são necessários à ideia da mudança histórica. Do mesmo modo, Benhabib afirma que algumas formulações sobre a morte da história negam a ideia de emancipação. Não podemos substituir narrativas monocausais e essencialistas da história por uma atitude meramente pragmática e falibilística em relação à narrativa histórica. Tal

Debates feministas

atitude reproduz as perspectivas problemáticas da análise social de "valor livre"; como este último, ela elimina da análise social o ideal de emancipação. E, finalmente, Benhabib rejeita a formulação da "morte da metafísica" que acarreta a morte da filosofia. Ela argumenta que a filosofia fornece os meios de esclarecer e ordenar os princípios normativos que não poderiam ser obtidos simplesmente por meio da articulação das normas da cultura de cada um. Como as normas da cultura de uma pessoa podem estar em conflito, ela argumenta que são necessários princípios superiores para resolver tal conflito. Ela afirma igualmente que, algumas vezes, a cultura própria de alguém pode não fornecer as normas mais necessárias. Outra vez, a filosofia é determinante para fornecer aquilo que não pode ser dado pela sua própria cultura.

Em geral, a preocupação de Benhabib com as formulações fortes dessas três teses é que elas solapam a possibilidade da teoria *crítica*, ou seja, da teoria que examina as condições presentes a partir da perspectiva das visões utópicas. Ela acredita que grande parte do que foi articulado sob a etiqueta do pós-modernismo acaba gerando uma postura quietista. Para Benhabib, em resumo, alguns posicionamentos políticos/teóricos – especificamente aqueles que são governados por ideais e que analisam de forma crítica o *status quo* à luz desses ideais – requerem pressuposições distintamente filosóficas, pressuposições que são negadas por muitas formulações do pós-modernismo.

As preocupações de Judith Butler, no entanto, são de natureza bem diferente. Butler foca sua atenção não no que precisamos filosoficamente para nos engajar em políticas emancipatórias, mas nos efeitos políticos de afirmar que certas pressuposições filosóficas *são* necessárias para políticas eman-

Seyla Benhabib • Judith Butler • Drucilla Cornell • Nancy Fraser

cipatórias. Esse foco reflete sua maior inclinação a investigar os efeitos políticos das afirmações que fazemos e das questões que levantamos. Ela chama a atenção para alguns dos problemas envolvidos na própria pergunta: "Qual a relação entre feminismo e pós-modernismo?", notando que o *status* ontológico do termo "pós-modernismo" é extremamente vago; o termo funciona variavelmente como uma caracterização histórica, uma posição teórica, uma descrição de prática estética e um tipo de teoria social. Tendo em vista essa imprecisão, Butler sugere que escolhamos questionar as consequências políticas de usarmos o termo: a que leva o seu uso? E a análise que faz desses resultados é mista. Por um lado, Butler vê a invocação do termo "pós-modernista" como meio frequente de reunir num mesmo grupo escritores que não se enxergam como aliados. Além disso, muitas das suas invocações parecem acompanhar uma advertência sobre os perigos de problematizar algumas alegações. Assim, é frequentemente usada para advertir que "a morte do sujeito" ou "a eliminação de fundações normativas" significa a morte da política. Mas Butler argumenta: o resultado de tais advertências não é assegurar que a oposição a certas alegações seja entendida como não política? E isso, por sua vez, não serve para esconder a contingência e a forma específica de política incorporada naquelas posições que afirmam abarcar o próprio campo da política? Assim, questionar se a "política se mantém ou cai com a eliminação de fundações normativas" ou sobre "a morte do sujeito" com frequência mascara um compromisso implícito com um certo tipo de política.

O efeito positivo que Butler enxerga no uso do termo "pós-modernismo" – e o termo que ela entende melhor é "pós-estruturalismo" – é o de revelar como o poder se introduz no

Debates feministas

"próprio aparato conceitual que tenta negociar seus termos". Seu argumento aqui não deve ser entendido como simples rejeição das fundações, pois ela afirma que "a teoria afixa fundações incessantemente e forma compromissos metafísicos naturalmente, mesmo quando procura evitá-los". O que rejeita é o caminho teórico que tenta cortar do debate as fundações por ele estabelecidas e tirar de vista as exclusões que se tornaram possíveis pelo estabelecimento daquelas fundações.

Assim, a missão da teoria social contemporânea compromissada com formas fortes de democracia é questionar qualquer caminho discursivo que tente se colocar como inquestionável. E um desses caminhos para o qual Butler chama nossa atenção é aquele que considera o "eu" autoral como portador de posições e participante de debate. Mesmo que ela não defenda que simplesmente paremos de nos referir ao "sujeito", ela defende que duvidemos de seu uso enquanto ponto de partida, aceito sem questionamento. Pois ao fazê-lo, perdemos de vista os caminhos excludentes que são resultado de *seu* uso. Particularmente, deixamos de ver que o próprio sujeito é constituído pelas próprias posições que ele alega possuir. O contramovimento aqui não é apenas entender os "eus" específicos como situados dentro da história; mas, de maneira mais contundente, é reconhecer a própria constituição do "eu" como resultado histórico. Esse resultado não pode ser entendido por aquele "eu" que acredita ser originador de sua ação, uma posição que Butler vê mais notavelmente exemplificada pela postura do exército na Guerra do Golfo. Mais uma vez, para Butler, o movimento aqui não é rejeitar a ideia do sujeito nem aquilo que ela pressupõe, como a agência, mas, ao contrário, questionar como noções de subjetividade e de agência são usadas: quem,

15

Seyla Benhabib • Judith Butler • Drucilla Cornell • Nancy Fraser

por exemplo, consegue se tornar sujeito e o que acontece com aqueles excluídos de tais construções? É claro que essa posição eleva o *status* do sujeito do feminismo. Butler investiga a asserção de que o pós-modernismo ameaça a subjetividade das mulheres justamente quando as mulheres estão alcançando a subjetividade, e questiona o que o alcance da subjetividade significa para a categoria de "mulher" e para a categoria do "nós" feminista. Ela pergunta: "Com quais exclusões foi o sujeito feminista construído e como esses terrenos excluídos voltam para assombrar a 'integridade' e a 'unidade' do 'nós' feminista?". Ainda que não questione a necessidade política para as feministas de falarem como e pelas mulheres, ela argumenta que, para não sacrificar o ímpeto democrático radical da política feminista, a categoria "mulher" deve ser entendida como um espaço aberto de disputa potencial. Tomando alegações sobre "a materialidade do corpo das mulheres" e "a materialidade do sexo" como base para o significado de "mulher", ela olha mais uma vez para os resultados políticos do uso de tais expressões. Utilizando uma das observações desenvolvidas por Michel Foucault e Monique Wittig, ela nota que um dos resultados de aceitar a "materialidade do sexo" é aceitar o que o sexo impõe: "uma dualidade e uniformidade nos corpos de modo a manter a sexualidade reprodutiva como uma ordem compulsória".

Assim, as preocupações de Benhabib e Butler parecem muito diferentes. Enquanto Benhabib procura pré-requisitos filosóficos para a política emancipatória, Butler questiona os resultados políticos de asserções que afirmam tais pré-requisitos. Há como aproximar as preocupações de ambas? Nancy Fraser acredita que sim. Ainda que o ensaio original de Fraser tenha

Debates feministas

sido escrito em resposta aos ensaios de Benhabib e Butler, nele é possível distinguir a articulação de um conjunto substantivo de posições sobre as próprias questões. Esse é um conjunto de posições que Fraser vê como a resolução de muitos dos problemas que Benhabib e Butler identificam na posição uma da outra.

Muitas das críticas de Fraser ao ensaio de Benhabib revolvem em torno de como Benhabib estruturou as opções acessíveis; Fraser alega que as alternativas tendem a ser articuladas com muita rigidez, sem a devida atenção a possíveis meios-termos. Em relação à "morte da história", Fraser concorda com Benhabib ao rejeitar o conflito como aquele entre uma visão essencialista, monocausal, da história e outra que rejeita totalmente a ideia de história. No entanto, ela alega que Benhabib deixa de considerar uma posição intermediária plausível: uma que permite uma pluralidade de narrativas, algumas possivelmente grandes e todas, independentemente de tamanho, engajadas em termos políticos. A hipótese de Fraser é que a recusa de Benhabib em considerar tal opção emerge da crença de Benhabib na necessidade de uma metanarrativa que ancore esse engajamento. Por consequência, conflitos entre a sua posição e aquela de Benhabib em torno da "morte da história" acabam reduzidos a conflitos entre as duas em relação à "morte da metafísica".

Enquanto Benhabib afirma a necessidade de uma noção de filosofia que vá além da crítica social situada, Fraser, salientando a posição articulada por ela e por mim num ensaio anterior, questiona tal necessidade. Fraser alega que os argumentos que Benhabib usa para tal noção de filosofia são problemáticos, já que as normas que Benhabib afirma serem necessárias para re-

Seyla Benhabib • Judith Butler • Drucilla Cornell • Nancy Fraser

solver conflitos intrassociais ou para oferecer ao exílio os meios de criticar sua sociedade devem elas mesmas ser socialmente situadas na natureza. Consequentemente, se filosofia significa "um discurso anistórico, transcendente, que afirma articular os critérios de validade para todos os outros discursos", então a crítica social sem filosofia não é apenas possível, ela é tudo o que deveríamos buscar.

Mesmo que Fraser articule sua própria posição criticando as formulações de Benhabib sobre as opções em torno da "morte da história" e da "morte da metafísica", é por meio da crítica às formulações de Butler sobre as opções em torno da "morte do sujeito" que Fraser projeta suas ideias sobre esse assunto. Ela concorda com Butler que fazer a asserção incisiva de que sujeitos são constituídos, não apenas situados, não é necessariamente negar a ideia do sujeito como capaz de crítica. No entanto, Fraser acredita que há aspectos da linguagem de Butler, em particular sua preferência pelo termo "ressignificação" no lugar de "crítica", que eliminam os meios para diferenciar a mudança positiva da negativa. Fraser vê a necessidade para tal diferenciação em relação a várias posições que, segundo ela, Butler adota de Foucault: que a constituição da subjetividade de alguns acarreta a exclusão de outros, que ressignificação é bom e que as teorias fundacionalista da subjetividade são inerentemente opressivas. Como questiona Fraser: "Será que de fato ninguém pode se tornar um sujeito do discurso sem que outros sejam silenciados?... A autorização do sujeito é *inerentemente* um jogo de soma zero?". Ela nota que teorias fundacionalista da subjetividade – como a de Toussaint de L'Ouverture – podem às vezes ter resultados emancipatórios. Fraser acredita que a capacidade de diferenciar resultados positivos e negativos

Debates feministas

da ressignificação, dos processos de subjetivação e das teorias fundacionalistas de subjetividade requer a adoção daquelas considerações críticas/teóricas que ela crê ausentes do tipo de estrutura foucaultiana adotada por Butler. Finalmente, Fraser acredita que introduzir esses tipos de consideração permitiria a Butler defender uma concepção mais elaborada de liberação do que a presente em seu debate sobre política feminista.

O ensaio de Fraser foi desenvolvido como resposta aos ensaios de Benhabib e Butler, de acordo com a estrutura do simpósio original. O ensaio de Drucilla Cornell, contribuição posterior ao simpósio, é mais como uma articulação independente de sua própria posição. Como Butler, Cornell defende que as feministas adotem o que ela descreve como uma atitude ética, uma postura que busca uma relação não violenta com o Outro, que inclui o Outro dentro de si mesmo. Ela nota que tal atitude tem muito em comum com o que Charles Peirce descreveu como falibilismo e devaneio (*musement*), ou seja, "uma abertura à contestação na organização do mundo de cada um" e "a postura de assombro frente a mistérios e maravilhas da vida, sempre surpreendente". Como Butler, Cornell não vê essa atitude como vinculada a uma negação de princípios. Ao contrário, ela a vê como representando uma negação da ideia de princípios fixos ou definitivos.

Cornell entende a atitude ética como particularmente central ao projeto feminista. E também o sistema reinante de hierarquia de gênero como gerador de fantasias de Mulher que negam diferença além daquela encenada na divisão entre "boa" e "má" menina. Para Cornell, o projeto feminista se torna possível pela discrepância entre as realidades diversas vividas por mulheres e as totalidades que as fantasias constroem. Assim,

Seyla Benhabib • Judith Butler • Drucilla Cornell • Nancy Fraser

qualquer projeto dito feminista que fale em nome da totalidade representa meramente outra encarnação das fantasias reinantes. Cornell elabora essas ideias por meio de uma leitura de Lacan modificada por Derrida. Lacan observa que a categoria de "Mulher" que opera dentro do reino do simbólico não pode ser fixada em relação a nenhuma base definitiva de biologia ou de papel. Em suma, não existe para Lacan "nenhum significado fixo para Mulher dentro do simbólico masculino". Para Cornell, essa observação nos oferece uma compreensão da possibilidade transformativa do feminismo. Por não existir "nenhum significado fixo para Mulher dentro do simbólico masculino", o feminismo pode reivindicar diferença dentro do significado de "Mulher" contra aqueles tropos que o negam. Em segundo lugar, Cornell toma de Lacan a asserção de que a negação do feminino dentro da diferença sexual serve como base da cultura. Ao contrário daquelas narrativas psicanalíticas que situam o pai e sua relação com o filho como central para a formação do ego, o foco da teoria lacaniana na Mãe castrada faz da questão da ressimbolização do feminino a chave para a derrubada daquilo que foi considerado "civilização".

No entanto, dentro da narrativa oferecida pela teoria lacaniana, tal ressimbolização é impossível. Mulheres, cuja significação dentro dessa história de desenvolvimento psíquico é a da "falta", podem escapar da imagem partida de "boa menina"/"menina má" apresentada a elas apenas se tentar apropriar o falo, ou seja, se entrar para o clube dos meninos. Uma representação do feminismo que tente uma ressignificação do feminino é proibida. Ao mesmo tempo que acha essa análise muito útil para explicar as dificuldades enfrentadas pelo feminismo – ou seja, que o feminismo *vai* persistentemente enfrentar a tenta-

Debates feministas

tiva de ser colocado ao lado do masculino –, Cornell também vê fraquezas na teoria cuja correção superaria as conclusões desesperançadas que ela gera. Especificamente, Cornell vê fraquezas na asserção de Lacan de que a barra para a resignação do feminino é absoluta. A barra certamente existe, e é por isso que, para Cornell, o feminismo não é fácil. Mas, inspirando-se nos trabalhos de Derrida e Wittgenstein, ela nota que existe uma possibilidade maior de deslocamento na significação de Mulher do que Lacan permite. Tornamos essa ressignificação possível no ato de identificação mimética enquanto expomos a disparidade entre as fantasias e as imagens de Mulher que nos são permitidas e as complexidades das vidas que vivemos.

As questões daqui em diante

Qual seria a relação entre esses argumentos? Como poderíamos descrever esses pontos de conflito e, dentre eles, quais seriam meramente produtos de incompreensão e quais representariam diferenças teóricas genuínas e interessantes? Não há respostas fáceis a essas perguntas, já que o modo de descrever questões de conflito e quais delas são consideradas sérias e interessantes devem em parte depender da própria postura teórica de cada um. Esse fenômeno emerge nas réplicas, em que cada autora estabelece de maneira complexa as diferenças entre sua própria posição e aquela de cada uma das outras. Em vez de tentar sumarizar essas complexidades, eu gostaria de focar em alguns temas que *eu* vejo como interessantes nas respostas. Desses temas tiro algumas questões que, penso, poderiam tocar em frente a discussão.

Seyla Benhabib • Judith Butler • Drucilla Cornell • Nancy Fraser

Um conflito construtivo que identifico nas réplicas é aquele entre Seyla Benhabib e Judith Butler em torno das questões de subjetividade e agência. Como observado, Benhabib argumentou em seu ensaio inicial que a posição de Butler parecia desautorizar a agência, que a discussão de Butler sobre a constituição do sujeito sugere uma abordagem muito determinista. Benhabib elabora esse argumento ao afirmar que a saída para tal determinismo deve envolver alguma explicação teórica de como a agência se torna possível. E Benhabib afirma que narrativas que simplesmente descrevem os processos históricos de constituição de sentido não são suficientes. Também são necessárias explicações do desenvolvimento de processos ontogênicos, explicações que elaboram os processos estruturais da socialização individual.

A questão que eu gostaria de propor a Benhabib é a seguinte: o que precisamos, exatamente, que uma explicação de "processos estruturais da socialização individual" faça? Necessitamos de tais explicações porque os processos pelos quais os indivíduos parecem assumir subjetividade da infância à idade adulta são diferentes dos processos pelos quais a subjetividade é alcançada por grupos através da história? Mas se esse é o caso, essa exigência parece atingível simplesmente pelo desenvolvimento de diferentes tipos de narrativas de constituição de sentido. Contudo, tenho a impressão de que isso não seria suficiente. Parece implícita na exigência de Benhabib a ideia de que há processos envolvidos na obtenção da subjetividade individual que são independentes de interpretações sociais historicamente específicas. Por essa razão, narrativas da obtenção da subjetividade individual devem ser diferentes *em tipo* das narrativas que nos mostram como grupos diversos obtiveram

Debates feministas

a subjetividade através da história. Mas, dada a diversidade dos modos nos quais as sociedades parecem entender o relacionamento entre infância e vida adulta, não fica claro para mim que essas narrativas sejam tão diferentes em tipo. Em suma, enquanto eu concordaria com Benhabib que precisamos de explicações teóricas de como a agência se torna possível, não tenho certeza que qualquer uma delas precise necessariamente ser de natureza "ontogênica" ou transcultural.

A asserção de Benhabib de que a discussão de Butler sobre a constituição do sujeito precisa de suplementação por meio de alguma narrativa de "processos estruturais de socialização individual" ganha parte de sua força, creio eu, em algumas ambiguidades nas próprias observações de Butler, ambiguidades cuja clarificação diminuiria a força de tal asserção. Benhabib faz a pergunta: "Como alguém pode ser constituído pelo discurso sem ser determinado por ele?". Ela diz, em seguida, que "a teoria da performatividade, mesmo que Butler quisesse distinguir constituição de gênero de autoconstituição, ainda pressupõe uma visão incrivelmente determinista dos processos de individuação e socialização, que não satisfaz quando comparada a reflexões sociais e científicas disponíveis atualmente sobre o tema". Algumas vezes Butler parece responder a tais observações apelando para características de linguagem, ao notar, por exemplo, que como o aspecto performático da linguagem constitui sujeitos, também pode *re*constituir ou ressignificar aquilo que foi constituído, e é em tal ressignificação que a agência acontece. Assim, Butler nota que em *Gender Trouble* ela sugeria "que mudança e alteração são parte do próprio processo de 'performatividade'". Igualmente, ela afirma que "nesse sentido, discurso é o horizonte da agência, mas, tam-

Seyla Benhabib • Judith Butler • Drucilla Cornell • Nancy Fraser

bém, a performatividade deve ser repensada como ressignificação". Um problema que tenho com esse tipo de apelo é que ele não oferece nenhum meio de distinguir ou explicar as situações de performatividade que geram novos tipos de significações daquelas que são meramente repetições de atos performáticos anteriores. Mas ao longo da história das sociedades, parece haver momentos em que a mudança se mostra mais pronunciada do que em outros. Além disso, durante o curso de vidas individuais, também há momentos — pelo menos dentro de culturas contemporâneas com as quais sou familiarizado — em que a mudança de uma certa natureza autoiniciada aparece de forma mais evidente. Dada a aparente pobreza de uma teoria da linguagem que explique as mudanças de qualquer tipo, surge a necessidade de outros tipos de explicação. Assim, em relação à inabilidade da teoria da linguagem para explicar tais mudanças nas vidas individuais, Benhabib pode alegar que há necessidade de outras teorias, como a da socialização.

No entanto, há muitos outros exemplos na réplica de Butler que indicam que ela, na verdade, não limita sua explicação de agência ao que pode ser oferecido pela teoria da linguagem. Frequentemente, Butler evoca a necessidade de dar atenção a contextos históricos específicos para explicar a possibilidade de agência. Por exemplo, ao falar sobre a performatividade de gênero, ela nota que derivar agência dos próprios regimes de poder que nos constituem é trabalho *histórico*. Da mesma forma, ao se opor a noções transcendentais do eu, ela observa que perguntar "quais são as condições concretas sob as quais a agência se torna possível" é "uma questão muito diferente da pergunta metafísica...". Para mim, estas últimas observações sugerem que, para Butler, não é o discurso ou a performatividade *per se*

Debates feministas

que operam como "o horizonte da agência", mas, na verdade, certos tipos de discurso ou certos tipos de atos performativos. Da minha própria perspectiva, a vantagem desta última sugestão não é apenas que ela nos permite distinguir os atos performativos que funcionam como repetições daqueles que funcionam como transformações, mas que ela também nos leva a diferenciar as condições que suportam uma em oposição à outra. Em suma, permite que se responda à exigência justificada de Benhabib por explicações para a possibilidade de agência, não com a alegação de que tais explicações são desnecessárias, mas, ao contrário, com a afirmação de que muitas são necessárias. Em tais bases, as teorias da socialização existentes tendem a ficar mais pobres quando, muito frequentemente, aceitam que uma só é suficiente.

Em suma, vejo Butler empregar dois tipos de resposta à objeção de Benhabib; clarificar a relação dessas respostas uma com a outra enfraqueceria a força da objeção. Vejo a necessidade para um esclarecimento semelhante em relação a uma das perguntas que Fraser faz a Butler. Como notado anteriormente, Fraser, em seu primeiro ensaio, questiona Butler sobre se a constituição do sujeito sempre produz pelo menos alguns efeitos negativos. Vejo a justificativa para essa pergunta no fato de que Butler algumas vezes parece atribuir uma certa negatividade inerente aos processos de exclusão da constituição do sujeito. Por exemplo, em seu primeiro ensaio, ao argumentar que sujeitos são constituídos por meio da exclusão, Butler afirma: "Aqui se torna urgente perguntar quem se qualifica como 'quem', quais estruturas sistemáticas de desempoderamento tornam impossível para algumas partes atingidas invocarem efetivamente o 'eu' dentro de um tribunal?". Leio essa conjun-

Seyla Benhabib • Judith Butler • Drucilla Cornell • Nancy Fraser

ção de declarações como sugestão de que é a própria exclusão, e não os resultados dessa específica exclusão dentro de um certo contexto, que gera a importância de fazer tais perguntas. Similarmente, logo depois dessas observações ela aponta e aprova um esclarecimento de Joan Scott segundo a qual "quando é entendido que sujeitos são formados por meio de operações de exclusão, torna-se politicamente necessário traçar as operações de construção e apagamento". Mas isso também parece sugerir que são as operações exclusionárias *per se* que tornam apropriadas as perguntas políticas.

Butler responde à questão de Fraser da seguinte maneira: ela declara que é mal compreendida se parece alegar que os processos excludentes pelos quais os sujeitos são construídos são necessariamente maus. Para ela, ao contrário, "a formação de exclusão do 'sujeito' não é boa ou má, mas, na verdade, uma premissa psicanalítica que pode ser usada de maneira útil a serviço da crítica política". Além disso, ela declara: "Meu argumento é que a 'crítica', para usar o termo de Fraser, sempre acontece *imanente* ao regime do discurso/poder cujas alegações procura adjudicar, o que significa que a prática da 'crítica' está implicada nas mesmas relações de poder que procura adjudicar". A meu ver, essas afirmações significam que, para Butler, questões de bem ou mal não são apropriadamente sobre a construção da subjetividade *per se*, mas imanentes a regimes discursivos específicos. Por consequência, questões de política tratam da construção de sujeitos específicos e das exclusões específicas geradas por sua construção.

Acho útil essa elucidação da posição de Butler, já que localiza a base da crítica dentro de contextos históricos específicos. No entanto, ainda tenho algumas questões – particularmente

Debates feministas

quanto ao modo como Butler pensa sobre as relações entre narrativas da psicanálise e outros tipos de narrativas. Para começar, parece inadequado dizer tanto que "a formação excludente do 'sujeito' não é boa ou má..." quanto que "pode ser usada de maneira útil a serviço da crítica política". Se não é nem boa nem má, como pode ser empregada a serviço da crítica política? O que pode ser empregado a serviço de uma crítica política parece ser apenas algumas das consequências da formação de exclusão do sujeito e apenas por razões que são externas ao processo excludente *per se*.

Em segundo lugar, quero saber mais precisamente o que faz com que a formação excludente do sujeito não seja boa ou má. O modo com o qual Butler formulou sua resposta sugere que seu *status* como fenômeno psicanalítico explica sua neutralidade normativa. Mas tenho a impressão de que há outros fenômenos psicanalíticos que Butler gostaria de descrever como maus. Na passagem a seguir, por exemplo, Butler descreve, em termos aparentemente negativos, o fenômeno psicanalítico da "dependência negada".

De certo modo, o sujeito é constituído por meio de uma exclusão e uma diferenciação, talvez uma repressão, que é subsequentemente escondida, coberta, pelo efeito da autonomia. Nesse sentido, autonomia é a consequência lógica de uma dependência negada, o que significa que o sujeito autônomo só pode manter a ilusão de sua autonomia enquanto cobrir a ruptura da qual é constituído. Essa dependência e essa ruptura já são relações sociais, aquelas que precedem e condicionam a formação do sujeito. Como resultado, essa não é uma relação na qual o sujeito se encontra, como uma das relações que formam a sua situação. O sujeito

Seyla Benhabib • Judith Butler • Drucilla Cornell • Nancy Fraser

é construído por meio de atos de diferenciação que distinguem o sujeito do seu exterior constitutivo, um terreno de alteridade desprezada, associada por convenção com o feminino, mas claramente não de forma exclusiva... Não há reflexividade ontológica intacta ao sujeito, que é então colocado dentro de um contexto cultural; esse contexto cultural, na verdade, já está lá como o processo desarticulado da produção daquele sujeito, que é escondido pela estrutura que situaria um sujeito já pronto numa teia externa de relações culturais.

Para mim, essa passagem levanta questões sobre a relação entre o processo de constituição do sujeito e aquele de dependência negada. São eles processos separáveis? Se não, como podemos usar o último como base de crítica tal qual Butler parece fazer em sua discussão sobre a postura do exército na Guerra do Golfo? Se o são, por que uma premissa psicanalítica pode ser descrita como nem boa nem má e outra não pode? Será porque uma delas, e não a outra, é mais limitada historicamente e, assim, aparenta ser mais maleável à mudança? O que explica, então, a emergência daquilo que é mais limitado historicamente?

Levanto essas questões de início porque muitas das mesmas questões gerais que elas propõem me parecem centrais à grande parte do atual debate teórico feminista. Tentar entender como conceituamos a relação entre narrativas da psicanálise e da linguagem – que frequentemente se acredita transcenderem história e crítica – e narrativas de duração histórica mais específica não é apenas um problema de Judith Butler, mas parece ser para muitas de nós. Está no centro de muitos conflitos internos da discussão feminista contemporânea, incluindo, neste volume, o debate entre Fraser e Cornell.

Debates feministas

No coração da crítica de Fraser a Cornell está a alegação de que esta localiza a possibilidade de mudança dentro de propriedades da linguagem, isto é, que ela extrai das ideias de Derrida sobre linguagem a possibilidade de mudança não extraível de Lacan. Fraser alega, no entanto, que esse tipo de derivação não funcionará, pois em Derrida

"o que se move" é colocado como propriedade transcendental da linguagem operando sob a ordem simbólica aparentemente estável... Não é uma concepção que pode teorizar contestações culturais de fato existentes entre significações rivais que estão em equivalência uma com a outra.

A resposta de Cornell para Fraser envolve, por um lado, uma insistência na importância de uma perspectiva psicanalítica dentro do feminismo, que "motivação inconsciente e construção da fantasia social devem ser a base de qualquer programa de pesquisa de crítica social". Igualmente, ela argumenta que sua apropriação crítica de Lacan não pode ser compreendida como fundacional, já que assevera a falta de base para a Mulher dentro do simbólico masculino. Ela afirma: "Minha reinterpretação da impossibilidade de Mulher não nos amarra à lógica do falogocentrismo como Fraser sugere. Ao contrário, abre inesgotáveis possibilidades para a reelaboração da diferença sexual".

No entanto, não me parece que Fraser esteja alegando que Cornell opere com uma concepção fundacional de Mulher. Ao contrário, entendo que Fraser esteja dizendo que Cornell opera com uma concepção não histórica, ou seja, uma concepção que, nos termos de Cornell, teoriza *a*-historicamente "as infindáveis possibilidades para a reelaboração da diferença sexual". Ou,

Seyla Benhabib • Judith Butler • Drucilla Cornell • Nancy Fraser

colocando essa crítica em meus próprios termos, aquilo que a explicação de Cornell não parece oferecer é se "a liberação do imaginário feminino" seria igualmente possível para, digamos, a Índia do século XVII, como é para os Estados Unidos do século XX. Em suma, o problema que Fraser identifica é que a linguagem psicanalítica e as teorias da linguagem usadas por Cornell são relativas a um período tão indefinido da história – especificado apenas como "patriarcado" – que não oferecem meios de teorizar as diferenças dentro da abrangência de "Mulher" ao longo daquele período. Note-se aqui que a linguagem usada por Cornell para elaborar sua reinterpretação de Lacan, tal como "um simbólico feminino", ou "o imaginário feminino", também parece questionavelmente generalizadora, não apenas em seu uso dos artigos "um" e "o", mas o próprio termo "feminino" que parece apropriadamente aplicável apenas a um contexto ocidental posterior ao final do século XIX.

Nada disso nega a validade da insistência de Cornell sobre a nossa necessidade de teorias psicanalíticas. Precisamos de explicações para os modos nos quais a simbolização humana não opera de maneiras coerentes e de como a fantasia organiza a vida social. Também precisamos ter em mente as questões sobre história de Joan Scott citadas por Cornell, questões que reforçam para mim o argumento de que não há uma história objetiva que possa ser pensada como tribunal de último recurso. As narrativas históricas que contamos estão enraizadas em nossas necessidades psíquicas. Mas, levando tudo isso em consideração, a pergunta que ainda tenho – e aqui retorno a uma pergunta que originalmente fiz a Benhabib – é por que acreditamos que as narrativas que contamos sobre nossas psiques devem ser homogêneas entre nós ou supostamente sin-

Debates feministas

gulares para todos os contextos em que algum elemento do domínio masculino está presente? Tomando algumas observações de Butler sobre o conceito de universalidade, a narrativa de histórias tão homogêneas tem estado tão implicada em movimentos etnocêntricos e excludentes que a única maneira pela qual podemos agora nos distanciar de tais movimentos talvez seja buscar a justificação na maior, e não na menor, história. Claramente, defendo aqui regras que não são fáceis de aplicar, apenas suspeito que o movimento que encorajar narrativas formadas por uma variedade de vozes também será mais cético do que vem sendo a teoria acadêmica em relação a certas fábulas.

***

O texto acima reflete apenas alguns dos pontos interessantes de diferença nessa discussão, isto é, aqueles que identifico como pontos de diferença e de relevância. As próprias autoras oferecem outras perspectivas. Assim, convido-os a voltarem sua atenção aos ensaios e réplicas a seguir para avaliar "do que se trata este volume".

Ensaios

1
Feminismo e pós-modernismo: uma aliança complicada

Seyla Benhabib

I. A aliança feminista com o pós-modernismo

Dez anos atrás, uma questão assombrava as teóricas feministas que haviam participado das experiências da Nova Esquerda e que haviam chegado ao feminismo depois de um engajamento inicial com variedades da teoria marxista do século XX: marxismo e feminismo eram conciliáveis ou aquela aliança acabaria sem nenhuma dúvida em um "casamento infeliz"? (Sargent, 1981). Hoje em dia, com a teoria marxista em retirada no mundo todo, as feministas não mais se preocupam em salvar sua infeliz união. Agora é uma nova união, ou desunião – dependendo da perspectiva de cada um –, que provou ser mais sedutora. Vistos de dentro da cultura acadêmica e intelectual das democracias capitalistas ocidentais, feminismo e pós-modernismo emergiram como duas correntes principais de nosso tempo. Elas descobriram suas afinidades durante a luta contra as grandes narrativas do Iluminismo ocidental e da modernidade. Assim, feminismo e pós-modernismo são frequentemente mencionados como se sua união de hoje fosse uma conclusão

Seyla Benhabib • Judith Butler • Drucilla Cornell • Nancy Fraser

natural; no entanto, algumas caracterizações do pós-modernismo deveriam, na verdade, nos fazer perguntar "feminismo *ou* pós-modernismo?". É claro que não estão em questão apenas detalhes terminológicos. Tanto o feminismo quanto o pós-modernismo não são apenas categorias descritivas: são termos constitutivos e avaliativos, informando e ajudando a definir as próprias práticas que tentam descrever. Enquanto categorias do presente, elas projetam meios de pensar sobre o futuro e avaliar o passado. Comecemos então por considerar uma das caracterizações recentes mais amplas do "momento pós-moderno" oferecido por uma teórica feminista.

Em seu recente livro *Thinking Fragments: Psychoanalysis, Feminism and Postmodernism in the Contemporary West*, Jane Flax caracteriza a posição pós-moderna como uma subscrição às teses da morte do Homem, da História e da Metafísica (Flax, 1990).

— A morte do Homem. Ela escreve:

> Pós-modernistas querem destruir todas as concepções essencialistas do ser humano ou da natureza... Na verdade, o Homem é um artifício social, histórico ou linguístico, não um Ser numenal ou transcendental... O Homem está para sempre enredado na teia do significado fictício, em cadeias de significação, nas quais o sujeito é apenas outra posição na linguagem. (Ibid., p.32)

— A morte da História.

A ideia de que a História existe para ele ou é seu Ser significa mais do que apenas outra precondição e justificativa para a ficção do Homem. Essa ideia também suporta e embasa o conceito de Progresso, que é em si uma parte tão importante da história

Debates feministas

do Homem... Tal ideia de Homem e História privilegia e pressupõe o valor de unidade, homogeneidade, totalidade, finalização e identidade. (Ibid., p.33)

— A morte da Metafísica. De acordo com os pós-modernistas,

A metafísica ocidental tem estado sob o encanto da "metafísica da presença" pelo menos desde Platão... Para os pós-modernistas, essa busca pelo Real encobre o desejo de quase todos os filósofos ocidentais, que é o de finalmente controlar o mundo ao encerrá-lo dentro de um sistema ilusório mas absoluto que acreditam representar ou corresponder a um Ser unitário além da história, da particularidade e da mudança... Assim como o Real é a base da Verdade, também a filosofia enquanto representante privilegiado do Real e questionador do que se considera verdade deve ter um papel de "fundação" em todo o "conhecimento positivo". (Ibid., p.34)

Essa caracterização clara e convincente da posição pós-modernista nos permite ver por que as feministas encontram nessa crítica dos ideais do racionalismo ocidental e do Iluminismo mais do que um aliado conveniente. Versões feministas dessas três teses sobre a morte do Homem, da História e da Metafísica podem ser articuladas.

— O contraponto feminista ao tema pós-modernista da "morte do Homem" pode ser chamado de "desmistificação do sujeito masculino da razão". Enquanto os pós-modernistas situam o "Homem", ou o sujeito soberano da razão teórica e prática da tradição, em ações sociais, linguísticas e discursivas contingentes, historicamente mutáveis e culturalmente variáveis, as feministas afirmam que "gênero" — e as várias práticas

37

Seyla Benhabib • Judith Butler • Drucilla Cornell • Nancy Fraser

que contribuem para a sua constituição – é um dos contextos mais cruciais em que se situa o aparentemente neutro e universal sujeito da razão (Irigaray, 1985; Lloyd, 1984; Harding; Hintikka, 1983). A tradição filosófica ocidental articula as profundas estruturas das experiências e consciências de um "eu" que ela afirma ser representativo dos humanos como tal. Mas, em suas categorias mais profundas, a filosofia ocidental elimina as diferenças de gênero enquanto estas formatam e estruturam a experiência e a subjetividade do eu. A razão ocidental se coloca como o discurso do sujeito idêntico, impedindo a visão e, de fato, deslegitimando a presença do outro e da diferença que não se encaixam em suas categorias. Desde Platão, passando por Descartes até Kant e Hegel, a filosofia ocidental tematiza a história do sujeito masculino da razão.

– O contraponto feminista à "morte da História" seria a "criação da narrativa histórica". Se o sujeito da tradição intelectual ocidental tem sido normalmente o chefe da casa – masculino, branco, proprietário e cristão –, então a História como registrada até agora é a "sua história". Ademais, as várias filosofias da história dominantes desde o Iluminismo forçaram a narrativa histórica a uma união, homogeneidade e linearidade que têm como consequência a obliteração da fragmentação, da heterogeneidade e, sobretudo, do ritmo variado de temporalidades diferentes experimentadas por grupos diferentes (Gadol, 1984, p.1-19; 19-51). Não precisamos mais do que lembrar do gracejo de Hegel sobre a África não ter história.[1] Até havia

---

1 "Neste momento deixamos a África e não a mencionaremos mais. Pois não é uma parte histórica do mundo: não exibe movimento ou desenvolvimento. Seus movimentos históricos – na parte norte

Debates feministas

muito pouco tempo, as mulheres também não tinham sua própria história, sua própria narrativa com diferentes categorias de periodização e com diferentes regularidades estruturais.

– O contraponto feminista à "morte da Metafísica" seria o "ceticismo feminista em relação à asserção da razão transcendental". Se o sujeito da razão não é ser supra-histórico e contextualmente transcendente, e se as criações e atividades práticas e teóricas desse sujeito exibem em cada exemplo as marcas do contexto de onde emergiram, então o sujeito da filosofia está inevitavelmente enredado com interesses governados pelo conhecimento que marcam e dirigem suas atividades. Para a teoria feminista, o mais importante "interesse governado pelo conhecimento", nos termos de Habermas, ou matriz disciplinadora de verdade e poder, nos termos de Foucault, são as relações de gênero e a constituição social, econômica, política e simbólica das diferenças de gênero entre seres humanos.[2]

Apesar dessa "afinidade seletiva" entre feminismo e pós-modernismo, no entanto, cada uma das três teses enumeradas pode ser interpretada de modo a permitir estratégias teóricas radicalmente diferentes, ainda que não contraditórias. Quanto às feministas, o conjunto de asserções teóricas que elas adotam não pode ser considerado com indiferença. Como recentemente observou Linda Alcoff, a teoria feminista atravessa neste momento uma profunda crise de identidade (Di Stefa-

---

– pertencem ao mundo asiático ou europeu... O que propriamente entendemos por África é o espírito a-histórico, não desenvolvido, ainda envolvidos nas condições da simples natureza..." (Hegel, 1956, p.99).

2 Para uma utilização provocativa da moldura foucaultiana da análise de gênero, conferir Butler (1990).

Seyla Benhabib • Judith Butler • Drucilla Cornell • Nancy Fraser

no, 1990, p.63-83).[3] A posição (ou posições) pós-modernista(s), se levadas às suas conclusões, podem eliminar não apenas a especificidade da teoria feminista, mas pôr igualmente em questão os próprios ideais emancipatórios do movimento das mulheres como um todo.

II. Ceticismo feminista em relação ao pós-modernismo

Comecemos por considerar a tese da "morte do Homem" para uma compreensão mais minuciosa da opção (ou opções) permitida(s) pela posição (ou posições) pós-modernista(s). A versão fraca dessa tese situaria o sujeito no contexto de várias práticas sociais, linguísticas e discursivas. Essa visão, no entanto, não questionaria o desejo e a necessidade teórica de articular uma visão de subjetividade mais adequada, menos equivocada e menos mistificada. Os atributos tradicionais do sujeito filosófico do Ocidente, como autorreflexão, capacidade de atuar por princípios, responsabilidade racional por seus atos e habilidade de projetar um plano de vida para o futuro, ou seja, alguma forma de autonomia e racionalidade, poderiam então ser reformulados para levar em consideração a situabilidade radical do sujeito.

A versão forte da tese da "morte do Homem" talvez seja mais bem capturada na própria frase de Flax: "O Homem está sempre preso na teia do significado fictício, em correntes de significação, nas *quais o sujeito é meramente uma outra posição na linguagem*". Desse modo, o sujeito se dissolve nas correntes

---

3 Linda Alcoff, "Poststructuralism and Cultural Feminism", *Signs*, v.13, n.3, p.4-36, 1988.

Debates feministas

de significações das quais se esperava que fosse o iniciador. Junto a essa dissolução do sujeito em "uma outra posição na linguagem", é claro que desaparecem conceitos de intencionalidade, responsabilidade, autorreflexão e autonomia. O sujeito que nada mais é do que uma outra posição na linguagem não pode mais controlar e criar aquela distância entre ele mesmo e a corrente de significações nas quais está imerso, de modo a conseguir refletir sobre elas e alterá-las com criatividade.

A versão forte da tese da "morte do Sujeito" não é compatível com os objetivos do feminismo (Nagl-Docekal, 1994, p.108-123).[4] Certamente, uma subjetividade não estruturada pela linguagem, pela narrativa e pelas simbologias existentes em uma cultura é impensável. Contamos sobre quem somos, sobre o "eu" que somos, por meio da narrativa. "Nasci em tal data, filha de tal e tal..." etc. Essas narrativas são totalmente influenciadas e estruturadas pelos códigos de biografias e identidades esperadas e compreensíveis em nossas culturas. Podemos admitir isso tudo, mas, ainda assim, argumentar que não somos apenas extensões de nossas histórias, que, frente a nossas próprias histórias, estamos ao mesmo tempo na posição de autor e personagem. O sujeito situado e de gênero verificado é determinado de maneira heteronômica, mas ainda assim procura a autonomia. Eu perguntaria, na verdade, como o próprio projeto de emancipação feminina seria remotamente possível sem um tal princípio regulador de agência, autonomia e individualidade?

---

4 Herta Nagl-Docekal, "Antigones trauer und der Todd es subjekts", palestra proferida na "Philosophinnen-Ringvorlesung no Instituto de Filosofia", Freie Universitat Berlim, em 25 de maio de 1990.

Seyla Benhabib • Judith Butler • Drucilla Cornell • Nancy Fraser

Assim, apropriações feministas de Nietzsche sobre essa questão só podem levar à autoincoerência. Judith Butler, por exemplo, quer estender os limites da reflexibilidade no pensamento sobre o eu além da dicotomia de "sexo" e "gênero". "O gênero", escreve ela,

> não está para a cultura como o sexo está para a natureza; gênero também é o meio discursivo/cultural pelo qual a "natureza sexuada" ou um "sexo natural" é produzido e estabelecido como "pré-discursivo", anterior à cultura, uma superfície politicamente neutra sobre a qual age a cultura. (Butler, 1990, p.7)

Poderíamos dizer que, para Butler, o mito do corpo já sexuado é o equivalente epistemológico do mito do dado: assim como o dado só pode ser identificado dentro de uma moldura discursiva, são também os códigos culturalmente disponíveis de gênero que "sexualizam" um corpo e constroem a direcionalidade do desejo daquele corpo.

Butler também afirma que, para pensar além da univocidade e de dualismos das categorias de gênero, devemos dar adeus ao "praticante além da prática", ao eu enquanto sujeito de uma narrativa de vida.

> Numa aplicação que o próprio Nietzsche não teria antecipado ou aceitado, podemos afirmar como um corolário: não há identidade de gênero por trás das expressões de gênero; aquela identidade é constituída de maneira performativa pelas próprias "expressões" que se acredita serem seu resultado. (Ibid., p.25)

Se essa visão do eu for adotada, existe alguma possibilidade de mudar essas "expressões" que nos constituem? Se não

Debates feministas

somos mais do que a soma total das expressões de gênero que interpretamos, existe alguma chance de interromper a performance por um momento, de fechar as cortinas e só permitir que se abram de novo quando pudermos opinar na produção da própria peça? Não é exatamente essa a batalha sobre gênero? Decerto podemos criticar a supremacia das pressuposições da política identitária e desafiar a supremacia das posições heterossexistas e dualistas no movimento das mulheres. Contudo, esse desafio só seria imaginável por meio de um total desmascaramento de quaisquer conceitos de individualidade, agência e autonomia? A sequência dessa posição nietzschiana é uma visão do indivíduo como um intérprete mascarado, com a ressalva de que agora somos levados a acreditar que não há indivíduo atrás da máscara. Tendo em vista quão frágil e tênue é, em muitos casos, o senso de individualidade das mulheres e quão fortuitas são suas lutas por autonomia, essa redução da agência feminina a uma "prática sem o praticante" me parece, na melhor das hipóteses, fazer da necessidade uma virtude.[5]

---

5 Rosi Braidotti diz muito apropriadamente: "Parece-me que discussões filosóficas contemporâneas sobre a morte do sujeito conhecido, dispersão, multiplicidade etc. etc. têm o efeito imediato de esconder e minar as tentativas das mulheres de acharem uma voz teórica própria. Descartar a noção de sujeito justamente no momento histórico no qual as mulheres começam a ter acesso a ela, enquanto ao mesmo tempo defender o *devenir femme* (como faz Guattari, S. B.) do próprio discurso filosófico, pode no mínimo ser descrito como um paradoxo... A verdade é: não se pode dessexualizar a sexualidade que nunca se teve; para desconstruir o sujeito, é preciso primeiro que se tenha conseguido o direito de falar como um sujeito; antes de subverter os signos, as mulheres devem aprender a usá-los; para desmistificar o metadiscurso, é necessário primeiro ter acesso a

Seyla Benhabib • Judith Butler • Drucilla Cornell • Nancy Fraser

Considere agora a tese da "morte da História". De todas as posições normalmente associadas ao pós-modernismo, essa em especial me parece a menos problemática. Desilusão com os ideais de progresso, consciência das atrocidades cometidas neste século em nome do progresso tecnológico e econômico, falência política e moral das ciências naturais que se põem a serviço das forças de destruição humana e planetárias – esses são os sentimentos partilhados do nosso século. Intelectuais e filósofos do século XX devem ser diferenciados uns dos outros menos por ser amigos ou opositores da crença no progresso e mais em relação ao seguinte: se o adeus às "metanarrativas do Iluminismo" pode ser exercido nos termos de uma crença continuada no poder da reflexão racional ou se o adeus já é visto como um prelúdio ao abandono de tal reflexão.

Interpretada como uma teoria fraca, a morte da História pode significar duas coisas: teoricamente, poderia ser compreendida como um chamado ao fim da prática das "grandes narrativas" que são essencialistas e monocausais. Politicamente, o fim dessas grandes narrativas significaria rejeitar as asserções hegemônicas de qualquer grupo ou organização que queira "representar" as forças da história, mover tais forças ou atuar em seu nome. A crítica dos vários movimentos totalitários e totalizantes de nosso século, do nacional socialismo e do fascismo ao marxismo ortodoxo e outras formas de nacionalismo é certamente uma das experiências políticas mais formativas de intelectuais pós-modernistas como Lyotard, Foucault

---

um lugar de enunciação. *Il faut, au moins, um sujet*. In: "Patterns of Dissonance: Women and/in Philosophy" (Nagl-Docekal, 1994, p.119-120).

Debates feministas

e Derrida (Descombes, 1980). É também o que faz a tese da morte da história interpretada como o fim das "grandes narrativas" tão atraente para as teóricas feministas. Nancy Fraser e Linda Nicholson escrevem, por exemplo:

... a prática de política feminista na década de 1980 gerou um novo grupo de pressões que trabalhou contra metanarrativas. Em anos recentes, mulheres pobres e da classe trabalhadora, mulheres de cor e lésbicas finalmente ganharam mais espaço para colocar suas objeções a teorias feministas que não conseguem ilustrar suas vidas e abordar seus problemas. Elas expuseram as quase metanarrativas anteriores, com suas presunções de dependência feminina universal e confinamento à esfera doméstica, como extrapolações falsas a partir da experiência de mulheres brancas, de classe média e heterossexuais que dominavam o início da segunda onda... Assim, com a alteração das consciências de classe, sexual, racial e étnica do movimento, também a concepção preferida da teoria mudou. Tornou-se claro que quase metanarrativas são mais entraves do que promotoras da irmandade feminina, já que elas suprimem as diferenças entre mulheres e entre as formas de sexismo às quais mulheres diferentes são distintamente sujeitas. [6]

A versão forte da tese da "morte da História" implicaria, no entanto, uma rejeição inicial de qualquer narrativa histórica

---

6 Nancy Fraser e Linda J. Nicholson, "Social Criticism without Philosophy: an Encounter between Feminism and Postmodernism" (Nicholson, 1989, p.33). Iris Young desenvolve a mesma ideia em seu "The Ideal of Community and the Politics of Difference", no mesmo volume (p.300-301).

Seyla Benhabib • Judith Butler • Drucilla Cornell • Nancy Fraser

que se preocupe com a *longue durée* e que foque as práticas macro e não microssociais. Nicholson e Fraser também advertem contra essa tendência "nominalista" no trabalho de Lyotard (Ibid., p.34). Concordo com elas que seria um erro interpretar a morte das "grandes narrativas" como uma ratificação de que no futuro as histórias locais se sobreponham às histórias globais. A pergunta mais difícil sugerida pela tese forte da "morte da história" me parece ser bem diferente: mesmo enquanto dispensamos as grandes narrativas, como podemos repensar a relação entre política e memória histórica? É possível para grupos em luta não interpretarem a história à luz de um imperativo moral-político, sendo este imperativo o interesse futuro na emancipação? Pense por um momento no modo com o qual as historiadoras feministas nas últimas duas décadas não só descobriram as mulheres e suas até então invisíveis vidas e trabalho, mas na maneira com que elas também revalorizaram e nos ensinaram a ver com olhos diferentes atividades tradicionalmente femininas e outrora denegridas como a fofoca e a costura, e até formas femininas típicas de doenças como as dores de cabeça, a histeria e o recolhimento ao quarto durante a menstruação.[7] Nesse processo de "reavaliação feminista de valores", nosso atual interesse nas estratégias de sobrevivência e resistência histórica das mulheres levou-nos a imbuir essas atividades, que eram totalmente desinteressantes do ponto de vista do historiador tradicional, com novos significado e importância.

---

7 A antologia pioneira em diferentes línguas está em Bridenthal, Koonz e Stuard (1987).

Debates feministas

Ainda que não seja mais possível ou desejável que se produzam "grandes narrativas da história", a tese da "morte da história" obstrui o interesse epistemológico na história e na narrativa histórica que acompanha as aspirações de todos os atores históricos em luta. Quando esse "interesse" em recuperar as vidas e lutas daqueles "perdedores" e "vítimas" da história estiver perdido, poderemos produzir uma teoria feminista engajada? Ainda tenho dúvidas que um chamado a uma "teoria feminista pós-moderna" que seja pragmática e falibilística, que "levasse seu método e suas categorias para a missão atual específica, usando múltiplas categorias quando apropriado e renunciando ao conforto metafísico de um único método ou epistemologia feminista" (Ibid., p.35), também fosse uma convocação em direção a uma apropriação emancipatória de narrativas passadas. O que distinguiria esse tipo de pragmática falibilística da teoria feminista da autocompreensão usual da ciência social empírica e livre de valores? A teoria feminista pode ser pós-modernista e, ainda assim, manter um interesse na emancipação?[8]

Finalmente, gostaria de articular versões fortes e fracas da teoria da "morte da metafísica". Nesse ponto, seria importante notar desde o início que muito da crítica pós-modernista

---

8 Para um debate interessante, ainda que virulento, sobre a questão de agência na história e como visões diferentes podem influenciar pesquisas sociais e históricas, ver a resenha de Joan W. Scott sobre "Heroes of their Own Lives: the Politics and History of Family Violence", de Linda Gordon; a resenha de Linda Gordon sobre "Gender and the Politics of History", de Joan Scott, e suas Réplicas, em *Signs*, v.15, n.4, p.848-860, 1990.

Seyla Benhabib • Judith Butler • Drucilla Cornell • Nancy Fraser

da própria metafísica ocidental caminha sob o feitiço de uma metanarrativa, ou seja, a narrativa primeiramente articulada por Heidegger e, em seguida, desenvolvida por Derrida, segundo a qual a "metafísica ocidental está sob o feitiço da 'metafísica da presença' pelo menos desde Platão...". Essa caracterização da tradição filosófica dá aos pós-modernistas a vantagem retórica de apresentar aquilo a que se opõem em suas versões mais simplistas e menos defensáveis. Ouça mais uma vez as palavras de Flax: "Para os pós-modernistas, esta busca pelo Real esconde o desejo dos filósofos, que é o de entender o mundo" ou "Assim como o Real é a base da Verdade, também a filosofia enquanto representante do privilégio do Real..." etc. Mas é a tradição filosófica tão monolítica e tão essencialista como os pós-modernistas gostariam de considerá-la? Será que nem mesmo Hobbes estremeceria frente à sugestão de que o "Real é a base da Verdade"? O que diria Kant quando confrontado com a afirmação de que a "filosofia é a representação privilegiada do Real"? Será que Hegel não consideraria a ideia de que conceito e linguagem são uma esfera e que o "Real" é outra, nada mais do que a versão de uma ingênua correspondência com a teoria da verdade que o capítulo sobre "Certeza sensível" em *Fenomenologia do espírito* eloquentemente descarta? Em sua versão forte, a tese da "morte da metafísica" não apenas concorda com uma metanarrativa grandiosa, mas, de maneira mais significativa, essa metanarrativa grandiosa achata a história da filosofia moderna e os esquemas conceituais rivais nela contidos a ponto de ficarem irreconhecíveis. É quando essa história se torna irreconhecível que os problemas conceituais e filosóficos envolvidos nessa proclamação da "morte da metafísica" podem ser negligenciados.

Debates feministas

A versão da tese da "morte da metafísica", que hoje é mais influente do que a invenção de Heidegger e Derrida sobre a "metafísica da presença", é aquela de Richard Rorty. Em *Philosophy and the Mirror of Nature*, Rorty mostrou de maneira sutil e convincente que tanto projetos empiricistas quanto racionalistas no período moderno pressupunham que a filosofia, em contraposição às ciências naturais que se desenvolviam naquele momento, podiam articular as bases de validação do conhecimento certo e da ação correta. Rorty chama isso de projeto de "epistemologia" (Rorty, 1979). Essa é a ideia de que a filosofia é um metadiscurso de legitimação, articulando os critérios de validação pressupostos por todos os outros discursos. Ao deixar de ser um discurso de justificação, a filosofia perde a sua *raison d'être*. Esse é, na verdade, o ponto crucial da questão. No momento em que destranscendentalizamos, contextualizamos, historiamos e determinamos gênero ao sujeito do conhecimento, ao contexto da pesquisa e até aos métodos de justificação, o que sobra da filosofia?[9] A filosofia não se torna uma forma de crítica dos regimes de discurso e poder que se sucedem em interminável monotonia histórica? Ou talvez a filosofia se transforme em uma forma de densa narrativa cultural do tipo que, até aqui, apenas os poetas nos forneceram? Ou talvez tudo o que resta da filosofia seja uma forma de sociologia do conhecimento que, em vez de examinar as condições de validação do conhecimento e da ação, investiga as condições empíricas sob

---

9 Para explicações precisas sobre os vários problemas e questões envolvidas nessa "sublação" [*sublation*] e "transformação" da filosofia, ver Baynes, Bohman e McCarthy (1987).

Seyla Benhabib • Judith Butler • Drucilla Cornell • Nancy Fraser

as quais comunidades de interpretação geram tais reivindicações de validação?

Por que essa questão sobre a identidade e o futuro e talvez sobre a possibilidade da filosofia é do interesse das feministas? A teoria feminista não pode florescer sem se emaranhar nos debates arcanos sobre o fim ou as transformações da filosofia? A inclinação da maioria das teóricas feministas atuais é argumentar que podemos evitar essa questão; mesmo se não quisermos ignorá-la, não devemos nos obrigar a respondê-la de uma maneira ou de outra. Fraser e Nicholson perguntam: "Como podemos conceber uma versão da crítica sem filosofia que seja suficientemente robusta para lidar com a difícil tarefa de analisar o sexismo em todas as suas infinitas variedades e monótona similaridade?"[10] Respondo que não podemos, e é isso que me faz duvidar que, enquanto feministas, possamos adotar o pós-modernismo como um aliado teórico. A crítica social sem filosofia não é possível e, sem crítica social, o projeto de uma teoria feminista, igualmente comprometida com o conhecimento e com os interesses emancipatórios das mulheres, é inconcebível. Sabina Lovibond articulou muito bem esse dilema dos pós-modernistas:

> Acredito que há razão para sermos cautelosas, não somente com a desqualificada visão nietzschiana de um fim da legitimação, mas também com a sugestão de que seria de alguma maneira "melhor" se exercícios de legitimação fossem realizados num

---

10 Nancy Fraser e Linda Nicholson, "Social Criticism without Philosophy: an Encounter between Feminism and Postmodernism". (Nicholson, 1989, p.34).

Debates feministas

espírito conscientemente paroquial. Pois se o feminismo aspira ser algo mais que um movimento reformista, deverá mais cedo ou mais tarde questionar os limites da paróquia.

[...]

Assim, o pós-modernismo parecer enfrentar um dilema: pode aceitar a necessidade, em termos dos objetivos do feminismo, de "virar o mundo de ponta cabeça" do modo sugerido – abrindo, assim, mais uma porta à ideia iluminista de uma reconstrução total da sociedade em linhas racionais; ou pode reafirmar dogmaticamente os argumentos já reunidos contra aquela ideia – admitindo, assim, o pensamento cínico que aqui, como em qualquer lugar, "quem fará o que a quem sob o novo pluralismo é deprimentemente previsível."[11]

Frente a essa objeção, a resposta dos pós-modernistas comprometidos tanto com o projeto de crítica social quanto com a tese da morte da filosofia enquanto metanarrativa de legitimação será que as "narrativas locais", *les petits récits*, que constituem nossas práticas sociais cotidianas ou jogos de linguagem, são elas próprias suficientemente reflexivas e autocríticas para julgar a si mesmas. A ficção iluminista do reflexo filosófico, da *episteme* justaposta à prática acrítica da *doxa* cotidiana, é exatamente isso, uma ficção de legitimação que ignora que práticas e tradições diárias também têm seus próprios critérios de legitimação e crítica. A questão então seria se, entre os critérios colocados à nossa disposição por várias práticas, jogos de

---

11 Sabina Lovibond, "Feminism and Postmodernism", *New Left Review*, n.178, p.5-28, nov./dez. 1989.

Seyla Benhabib • Judith Butler • Drucilla Cornell • Nancy Fraser

linguagem e tradições culturais, não poderíamos achar alguns que servissem às feministas em sua missão de crítica social e transformação social radical.[12] Seguindo Michael Walzer, esses pós-modernistas talvez queiram insistir que o ponto de vista do crítico social nunca é "de lugar algum", mas sempre de alguém localizado em algum lugar, em alguma cultura, sociedade ou tradição (Walzer, 1987, p.8-18).

Agora, gostaria de considerar essa objeção.

III. Feminismo como crítica situada

A resposta óbvia para qualquer defensor da ideia da "crítica situada" é que as culturas, sociedades e tradições não são campos de significado monolíticos, unívocos e homogêneos. Como quer que se caracterize o contexto relevante ao qual se faz referência — por exemplo, a "tradição liberal anglo-americana de pensamento", "a tradição de jurisprudência progressista e intervencionista", a "tradição judaico-cristã", a "cultura do Ocidente", o "legado das sufragistas", a "tradição do amor cortês", as "visões de justiça do Velho Testamento", a "cultura

---

12 Ver a observação de Lyotard, "narrativas... assim definem o que tem o direito de ser dito e feito na cultura em questão, e como são elas próprias uma parte da cultura, acabam legitimadas pelo simples fato de que fazem o que fazem" (Bennington; Massumi, 1984, p.23). Em sua intervenção neste debate, Rorty ficou ao lado de Lyotard e contra Habermas, afirmando que este último "coça onde não há coceira". Conferir Richard Rorty, "Habermas and Lyotard on Postmodernity", *Praxis International*, v.4, n.1, p.34, abr. 1984. Analisei as dificuldades dessa virada para a crítica social imanente em "Epistemologies of Postmodernism: a Rejoinder to Jean-François Lyotard", reimpresso em: Nicholson (1989, p.107-130).

Debates feministas

política dos Estados democráticos do bem-estar social" etc. – todas essas caracterizações são elas próprias "tipos ideais" em algum sentido weberiano. São construídas a partir de uma tapeçaria de significado e interpretação que constitui o horizonte de nosso mundo da vida social. O crítico social não acha critérios de legitimação e autocrítica a serem afixados à cultura como se achariam, por exemplo, maçãs numa árvore ou peixinhos dourados em um aquário; não menos do que qualquer ator social, ele está em posição de constantemente interpretar, apropriar, reconstruir e constituir normas, princípios e valores que são um aspecto do mundo da vida. Nunca há apenas um único grupo de critérios constitutivos ao qual apelar na hora de caracterizar práticas sociais complexas. Práticas sociais complexas, como tradições constitucionais, visões políticas e éticas, crenças religiosas, instituições científicas, não são como jogos de xadrez. O crítico social não pode ter certeza que, ao tentar uma caracterização e uma análise imanentes dessas práticas, achará um único grupo de critérios sobre o qual haverá tal consenso universal que o simples fato de justapor esses critérios à prática real terá concluído o trabalho de crítica social imanente. Assim, o primeiro defeito da crítica situada é uma espécie de "monismo hermenêutico do significado", especificamente a crença de que as narrativas de nossa cultura são tão inequívocas e incontroversas que, ao fazer uso delas, fica-se isento da tarefa de reconstrução tipo ideal e avaliativa.[13] A crí-

---

13 Ver a discussão de Georgia Warnke sobre a posição de Michael Walzer para um relato alternativo mais favorável do que o meu à possibilidade da crítica social imanente, "Social Interpretation and Political Theory: Walzer and his Critics", *The Philosophical Forum*, v.XXI, n.1-2, p.204 e ss., 1989-1990.

Seyla Benhabib • Judith Butler • Drucilla Cornell • Nancy Fraser

tica social precisa da filosofia justamente porque as narrativas de nossas culturas são tão conflituosas e irreconciliáveis que, mesmo quando utilizadas, uma certa ordenação das prioridades normativas e uma elucidação dos princípios em nome dos quais se fala são inevitáveis.

O segundo defeito da "crítica situada" é assumir que as normas constitutivas de determinada cultura, sociedade e tradição serão suficientes para permitir que a crítica seja exercida em nome de um futuro desejado. Certamente, pode haver momentos nos quais uma cultura, sociedade ou tradição esteja tão paralisada, dominada por forças brutais, e o debate e a conversação tão rarefeitos ou simplesmente impossíveis, que o crítico social se torna um exilado social. Não só os críticos sociais da modernidade, de Thoreau à Escola de Frankfurt, de Albert Camus aos dissidentes da Europa do Leste, exemplificaram esse gesto. Tanto a Antiguidade quanto a Idade Média tiveram filósofos exilados, seitas quiliastas, irmandades místicas e profetas que abandonaram suas cidades. É evidente que o crítico social não precisa ser um exilado social; no entanto, tendo em vista que a crítica pressupõe um distanciamento necessário das próprias certezas cotidianas, às quais se pode voltar eventualmente para reafirmá-las em nível superior de análise e justificativa, a vocação do crítico social se assemelha mais, nesse sentido, à vocação do exilado social e do expatriado do que a daquele que nunca partiu, que nunca teve de botar à prova a certeza de seu próprio modo de vida. E partir não é acabar em lugar algum; é ocupar um espaço fora dos muros da cidade, num país anfitrião, numa realidade social diferente. Essa não é, de fato, a condição pós-moderna fundamental no século XX? Talvez

Debates feministas

a nostalgia pela crítica situada seja ela mesma uma nostalgia do lar, das certezas da própria cultura e da sociedade em um mundo no qual nenhuma tradição, cultura e sociedade pode existir sem interação e colaboração, confronto e troca. Quando culturas e sociedades se batem, onde nos colocamos enquanto feministas, críticas sociais e ativistas políticas?

Estaremos mais próximas de resolver a questão posta ao final da seção anterior sobre a possibilidade de existir crítica social feminista sem filosofia? Ao considerar a tese dos pós--modernistas sobre a "morte da metafísica", sugeri que a versão fraca dessa tese vinha de uma construção retórica da história da filosofia como "uma metafísica da presença", enquanto argumentava que a versão forte da tese eliminaria não apenas meta-narrativas de legitimação, mas também a prática da legitimação e da crítica como um todo. O pós-modernista pode responder que isso não precisa acontecer e que existiriam critérios internos de legitimação e crítica em nossa cultura que poderiam ser acessados pelo crítico social, de modo que a crítica social sem filosofia fosse possível. Sustento que a prática da crítica social imanente ou a crítica social situada têm dois defeitos: primeiro, o uso de critérios imanentes ou internos de legitimação parece desobrigar da tarefa de justificação filosófica apenas porque os pós-modernistas assumem, *inter alia*, que existe um conjunto óbvio de critérios a ser usado. Mas se culturas e tradições são mais como conjuntos competitivos de narrativas e tapeçarias incoerentes de significado, então o crítico social deve construir a partir dessas narrativas conflituosas e incoerentes o conjunto de critérios em nome do qual se fala. O "monismo hermenêutico do significado" não isenta da responsabilidade da justificação normativa.

55

Seyla Benhabib • Judith Butler • Drucilla Cornell • Nancy Fraser

Em segundo lugar, argumentei que a vocação da crítica social pode requerer o exílio social, pela perspectiva de haver momentos nos quais normas e valores imanentes de uma cultura estão tão paralisados, mortos ou petrificados que mais ninguém pode falar em seu nome. O crítico social em exílio não adota o ponto de vista de "lugar algum", mas a "visão de fora dos muros da cidade", onde quer que estejam esses muros e essas fronteiras. Talvez não seja coincidência que de Hipátia a Diotima, de Olympe de Gouges a Rosa Luxemburgo, a vocação da pensadora feminista e crítica a fez deixar o lar e os muros da cidade.

IV. O feminismo e a retirada pós-modernista da utopia

Nas seções anteriores deste ensaio, discordei da posição de algumas teóricas feministas que consideram feminismo e pós-modernismo aliados conceituais e políticos. Uma certa versão do pós-modernismo não só é incompatível como também pode enfraquecer a própria possibilidade do feminismo como articulação teórica das aspirações emancipatórias das mulheres. Esse enfraquecimento ocorre porque, em sua versão forte, o pós-modernismo está comprometido com três teses: a morte do homem, compreendida como a morte do sujeito autônomo, autorreflexivo, capaz de agir por princípio; a morte da história, compreendida como o rompimento do interesse epistêmico na história por grupos marginalizados que constroem suas narrativas passadas; a morte da metafísica, compreendida como a impossibilidade de criticar ou legitimar instituições, práticas e tradições por outros modos além do uso imanente da autolegitimidade das "pequenas narrativas". Interpretado assim, o

Debates feministas

pós-modernismo mina o compromisso feminista com a agência e a individualidade das mulheres, com a reapropriação da história própria das mulheres em nome de um futuro emancipado e com o exercício da crítica social radical que revela o gênero "em todas as suas infindáveis variedades e monótona similaridade".

Ouso sugerir nestas considerações finais que o pós-modernismo produziu uma "retirada da utopia" dentro do feminismo. Por "utopia" não me refiro à compreensão modernista do termo como reconstrução integral de nosso universo social e político de acordo com um plano racionalmente forjado. Essas utopias do Iluminismo não apenas deixaram de convencer, como também, com a perda de prestígio das "utopias socialistas", uma das maiores utopias racionalistas da humanidade, aquela da economia racionalmente planejada que levaria à emancipação humana, chegou ao fim. O desfecho dessas visões racionalistas da engenharia social não pode secar as fontes da utopia na humanidade. Quanto ao desejo pelo "totalmente outro" (*das ganz Andere*), por aquilo que ainda não é, tal pensamento utópico é um imperativo prático e moral. Sem um tal princípio regulador da esperança, não só a moralidade, mas também a transformação radical é impensável. O que assusta os oponentes da utopia, como Lyotard, por exemplo, é que, em nome de tais utopias futuras, o presente em suas múltiplas ambiguidades, pluralidades e contradições será reduzido a uma grande narrativa plana. Partilho a preocupação de Lyotard à medida que o pensamento utópico se torna uma desculpa tanto para o mais grosseiro instrumentalismo do presente – o fim justifica os meios – quanto para a ideia de que a utopia futura isenta de crítica as práticas não democráticas e autoritárias do presente. Ainda assim, não podemos lidar com essas preocupações políticas rejeitando o impulso ético da utopia, e sim articulando os princípios normativos da ação e da organização democráticas no presente. Os pós-modernistas se juntarão a nós nessa tarefa ou se contentarão em repetir o canto do cisne do pensamento normativo em geral?

A retirada da utopia dentro da teoria feminista na última década levou a acusações de serem essencialistas quaisquer tentativas de formular uma ética feminista, uma política feminista, um conceito feminista de autonomia e até mesmo uma estética feminista. O fato de que as ideias de Gilligan, ou Chodorow, ou Sarah Ruddick (ou até mesmo Kristeva) articulam apenas as sensibilidades de mulheres brancas, de classe média, afluentes, do Primeiro Mundo e heterossexuais pode ser verdade (mesmo eu tendo dúvidas empíricas sobre isso). Ainda assim, o que temos a oferecer em seu lugar? Enquanto projeto de uma ética que deve nos guiar no futuro, somos capazes de propor uma visão melhor do que a síntese do pensamento da justiça autônoma e da atenção empática? Enquanto visão da personalidade autônoma que aspiramos para o futuro, podemos articular uma ideia melhor do indivíduo do que o modelo de individualidade autônoma com limites de ego fluidos e não ameaçados pela alteridade? (Benjamin, 1988). Enquanto visão de política feminista, somos capazes de articular um modelo melhor para o futuro do que um sistema de governo radicalmente democrático que também promova os valores da ecologia, do não militarismo e da solidariedade dos povos? O pós-modernismo é capaz de nos mostrar as armadilhas teóricas e políticas pelas quais as utopias e o pensamento fundacional podem dar errado, mas não deveria nos fazer abandonar as utopias completa-

Debates feministas

mente. Pois nós, enquanto mulheres, temos muito a perder ao desistir da esperança utópica no outro integral.[14]

---

14 Para uma posição feminista que procura manter esse elemento utópico, mesmo enquanto ratifica a filosofia pós-modernista, ver Drucilla Cornell, "Post-Structuralism, the Ethical Relation, and the Law", *Cardozo Law Review*, v.9, n.6, p.1587-1628, ago. 1988; e "From the Lighthouse: the Promise of Redemption and the Possibility of Legal Interpretation", *Cardozo Law Review*, v.11, n.5-6, p.1687-1714, jul./ago. 1990.

2
Fundações contingentes: feminismo e a questão do "pós-modernismo"[1]

Judith Butler

A questão do pós-modernismo se coloca, de fato, como uma pergunta — afinal de contas, existe uma coisa chamada pós-modernismo? Seria uma caracterização histórica, um certo tipo de posição teórica? E qual o significado de um termo que descrevia uma certa prática estética ser agora aplicado à teoria social e, particularmente, à teoria social e política feminista? Quem são esses pós-modernistas? Esse é um nome que se decide adotar ou é um nome pelo qual se é chamado se e quando se faz uma crítica do sujeito, uma análise discursiva, ou se questiona a integridade ou coerência de descrições sociais totalizadoras?

Conheço o termo pelo modo como é usado e, normalmente, ele aparece no meu horizonte envolto nas seguintes formulações críticas: "se o discurso é tudo o que existe..." ou "se tudo é um texto..." ou "se o sujeito está morto..." ou "se corpos reais não existem...". A frase começa como uma advertência contra

---

1 Este ensaio foi apresentado pela primeira vez, em versão diferente, como "Feminismo e a questão do pós-modernismo", no Consórcio de Filosofia da Grande Filadélfia em setembro de 1990.

um niilismo iminente, pois se o conteúdo invocado nessa série de declarações condicionais for mesmo verdadeiro, então – e há sempre um então – o resultado será algum conjunto de consequências perigosas. Assim, o "pós-modernismo" parece articular-se na forma de uma condicional temerosa ou, por vezes, como um desdém paternalista em relação àquilo que é juvenil e irracional. Contra este pós-modernismo, existe um esforço de sustentar as premissas primárias, de estabelecer previamente que qualquer teoria política precisa de um sujeito, precisa desde o início presumir o seu sujeito, a referencialidade da linguagem, a integridade das descrições institucionais que oferece. Pois a política é impensável sem uma fundação, sem essas premissas. Mas essas asserções buscam assegurar uma formação contingente da política que exige que tais noções se mantenham características não problematizadas de sua própria definição? Será que toda a política, e a política feminista em particular, é impensável sem essas estimadas premissas? Ou será que, na verdade, uma versão específica da política é exposta na sua contingência uma vez que essas premissas são problematicamente tematizadas?

Alegar que a política exige um sujeito estável é alegar que não pode haver oposição *política* à essa alegação. Na verdade, essa alegação implica que uma crítica do sujeito não pode ser uma crítica politicamente informada, mas, ao contrário, um ato que ameaça a política enquanto tal. Exigir o sujeito significa limitar o terreno do político, e essa limitação, instalada analiticamente como característica essencial do político, reforça de tal modo as fronteiras do espaço da política que esse reforço fica resguardado do escrutínio político. O ato que estabelece unilateralmente o domínio das funções políticas é, assim, um

Debates feministas

artifício autoritário por meio do qual a contestação política sobre o *status* do sujeito é sumariamente silenciada.[2] A recusa em assumir, ou seja, em exigir uma noção do sujeito desde o início não é o mesmo que negar totalmente ou dispensar essa noção; ao contrário, é perguntar sobre o processo de sua construção, o significado político e a consequência de aceitar o sujeito como um requisito ou pressuposto da teoria. Mas já chegamos a uma noção de pós-modernismo?

---

2 Aqui vale a pena observar que, em algumas teorias políticas recentes, especialmente nos escritos de Laclau e Mouffe (1986), Connolly (1988), assim como Nancy e Lacou-Labarthe (1983), insiste-se que o campo político é necessariamente construído por meio da produção de um determinado exterior. Em outras palavras, o próprio terreno da política se constitui com a produção e a naturalização do "pré" ou "não" político. Nos termos de Derrida, essa é a produção de um "exterior constitutivo". Aqui eu gostaria de sugerir uma distinção entre a constituição de um campo político que produz *e naturaliza* esse exterior constitutivo e o campo político que produz e *torna contingente* os parâmetros específicos desse exterior contingente. Ainda que não acredite que as relações diferenciais por meio das quais o próprio campo político é constituído possam ser de todo elaboradas (precisamente porque o *status* dessa elaboração também teria de ser elaborado *ad infinitum*), acho útil a noção de antagonismos constitutivos de William Connolly, uma noção que acha uma expressão paralela em Laclau e Mouffe, sugerindo uma forma de luta política que coloca em questão os parâmetros da própria política. Isso é especialmente importante para preocupações feministas enquanto as bases da política ("universalidade", "igualdade", "o sujeito de direitos") forem construídas com exclusões raciais e de gênero ocultas e pela mistura da política com a vida pública que torna o privado (reprodução, terrenos da "feminilidade") pré-político.

Seyla Benhabib • Judith Butler • Drucilla Cornell • Nancy Fraser

Um número de posições é imputado ao pós-modernismo, como se ele fosse o tipo de coisa que pudesse ser o portador de um conjunto de posições: tudo o que existe é o discurso, como se o discurso fosse uma espécie de matéria monística a partir da qual todas as coisas são compostas; o sujeito está morto, nunca mais poderei dizer "eu"; não existe realidade, apenas representações. Essas caracterizações são variavelmente imputadas ao pós--modernismo ou ao pós-estruturalismo, que são confundidos um com o outro e algumas vezes com desconstrução, em outras entendidos como uma junção indiscriminada de feminismo francês, desconstrução, psicanálise lacaniana, análise foucaultiana, o conversacionalismo [*conversationalism*] de Rorty e estudos culturais. Neste lado do Atlântico e no discurso recente, os termos "pós-modernismo" e "pós-estruturalismo" resolvem as diferenças entre essas posições com uma só cartada, fornecendo um substantivo, um nome, que inclui essas posições como tantas de suas modalidades ou permutações. Pode surpreender alguns proponentes da cena continental que a psicanálise lacaniana na França se posicione oficialmente contra o pós-estruturalismo, que Kristeva condene o pós-modernismo (Kristeva, 1989, p.258-259), que os foulcaultianos raramente se relacionem com derrideanos, que Cixous e Irigaray sejam fundamentalmente opostas, e que a única tênue conexão entre o feminismo francês e a desconstrução exista entre Cixous e Derrida, ainda que uma certa afinidade em práticas textuais possa ser achada entre Derrida e Irigaray. Biddy Martin também está correta ao chamar atenção para o fato de que quase todo o feminismo francês adere à noção do alto modernismo e da vanguarda, o que coloca em questão a ideia de que essas teorias e escritos podem ser simplesmente agrupados sob a categoria de pós-modernismo.

Debates feministas

Proponho que a questão do pós-modernismo não seja vista meramente como a questão que o pós-modernismo coloca ao feminismo, mas no seguinte viés: o que é o pós-modernismo? Que tipo de existência ele tem? Jean-François Lyotard defende o termo, mas ele não serve como exemplo do que todos os outros que se pretendem pós-modernistas fazem.[3] Por exemplo, o trabalho de Lyotard discorda seriamente do de Derrida, que não afirma a noção do "pós-moderno" e de outros com os quais Lyotard é equiparado. Ele é paradigmático? Todas essas teorias têm a mesma estrutura? (Uma noção que confortaria o crítico que quer se livrar de todas ao mesmo tempo.) O esforço de colonizar e domesticar essas teorias sob o mesmo signo, agrupá-las sintética e cuidadosamente sob uma única rubrica, é uma simples recusa de dar especificidade a essas teorias, uma desculpa para não ler, ou não ler cuidadosamente? Pois se Lyotard usa o termo, e se ele pode ser convenientemente incluído em um grupo de escritores, e se alguma citação problemática pode ser encontrada em seu trabalho, essa citação pode, então, servir de "exemplo" de pós-modernismo, sintomático do todo?

Mas se eu entendo parte do projeto do pós-modernismo, é para questionar as maneiras pelas quais tais "exemplos" e "paradigmas" servem para subordinar e apagar aquilo que eles tentam explicar. Pois o "todo", o campo do pós-modernismo em sua suposta extensão, é efetivamente "produzido" pelo exemplo usado como sintoma e exemplar do todo; na verdade, se no

---

3 A associação de Lyotard com uma variedade de pensadores sumariamente classificados sob a rubrica do "pós-modernismo" é demonstrada pelo título e ensaio de Benhabib: "Epistemologies of Postmodernism: a Rejoinder to Jean-François Lyotard" (Nicholson, 1989).

Seyla Benhabib • Judith Butler • Drucilla Cornell • Nancy Fraser

exemplo de Lyotard pensamos ter uma representação do pós-modernismo, teremos forçado uma substituição do exemplo por todo o campo, ocasionando uma redução violenta do campo a um trecho de texto que o crítico se dispõe a ler, um trecho que, convenientemente, usa o termo "pós-moderno".

De certo modo, esse gesto de maestria conceitual que agrupa um conjunto de posições sob o pós-moderno, que transforma o pós-moderno numa época ou num todo sintético e sustenta que a parte pode representar esse todo artificialmente construído, utiliza um certo recurso autocongratulatório de poder. É no mínimo paradoxal que o ato de maestria conceitual que leva ao apressado agrupamento de posições sob o pós-modernismo tenha a intenção de afastar o perigo do autoritarismo político. Pois a crença é que algum trecho do texto é representacional, que ele representa o fenômeno, e que a estrutura "dessas" posições pode ser própria e economicamente identificada na estrutura do trecho. O que autoriza tal crença desde o início? Desde o início, devemos acreditar que as teorias se oferecem em grupos ou em totalidades organizadas e que, historicamente, um conjunto de teorias similares em termos estruturais emerge como a articulação de uma condição histórica específica da reflexão humana. Esse tropo hegeliano, que continuou com Adorno, parte do princípio que essas teorias podem ser substituídas uma pela outra porque elas variavelmente sintomatizam uma preocupação estrutural comum. No entanto, essa conjectura não pode mais ser feita, pois a conjectura hegeliana de que uma síntese está desde o início disponível é, precisamente, o que é contestado de várias formas por algumas das posições alegremente unificadas sob o signo do pós-modernismo. É possível argumentar que se – e

Debates feministas

enquanto – o pós-moderno funciona como um signo unificador, ele é, então, um signo decididamente "moderno", razão pela qual há dúvidas sobre a possibilidade do debate a favor ou contra esse pós-modernismo. Estabelecer o termo como aquele que só pode ser afirmado ou negado é forçá-lo a ocupar uma posição dentro de um binário e, assim, afirmar uma lógica de não contradição sobre e contra algum esquema mais gerador.

Talvez a razão para essa unificação de posições seja a própria desordem do campo, o fato de que as diferenças não permitem que essas posições possam ser apresentadas como sintomáticas, exemplares ou representativas uma da outra e de alguma estrutura comum chamada pós-modernismo. Se o pós-modernismo enquanto termo tem alguma força ou significado dentro da teoria social, ou na teoria feminista em particular, talvez ele possa ser achado no exercício crítico que busca mostrar como a teoria, tal qual a filosofia, está sempre implicada com o poder, e talvez seja isso que sintomaticamente exista no esforço de domesticar e recusar um conjunto de críticas poderosas sob a rubrica do pós-modernismo. Que o aparato filosófico em seus variados refinamentos conceituais está sempre engajado no exercício do poder não é novidade, mas, justamente, o pós-moderno não deve ser confundido com o novo; pois a busca do "novo" é a preocupação do alto modernismo; na verdade, o pós-moderno lança dúvidas sobre a possibilidade de um "novo" que já não esteja de alguma maneira implicado no "velho".

Mas o ponto articulado com veemência por alguns críticos recentes da filosofia política normativa é que o recurso a uma posição – hipotética, contrafatual ou imaginária – que se instaura além do jogo de poder e que procura estabelecer a base

Seyla Benhabib • Judith Butler • Drucilla Cornell • Nancy Fraser

metapolítica para uma negociação entre as relações de poder talvez seja o mais insidioso artifício do poder. Que essa posição além do poder justifique a sua legitimidade recorrendo a um acordo anterior e implicitamente universal não evita a acusação, pois qual projeto racionalista decidiria de antemão o que se designa como acordo? Que forma de imperialismo cultural insidioso aqui legisla a si mesmo sob o signo do universal? (Young, 1987).[4]

Não estou certa quanto ao termo "pós-moderno", mas se existe um ponto, e um ponto específico, que eu entenda melhor como pós-estruturalismo, é que o poder impregna o próprio aparato conceitual que busca negociar seus termos, incluindo a posição de sujeito do crítico; e ainda mais, que essa implicação dos termos da crítica no campo do poder *não* é o advento de um relativismo niilista incapaz de fornecer normas, mas, ao contrário, a própria precondição de uma crítica política engajada. Estabelecer um conjunto de normas que está além do poder ou da força é em si uma prática conceitual poderosa e vigorosa que sublima, mascara e estende seus próprios jogos de poder recorrendo a tropos de universalidade normativa. E a questão não é acabar com as fundações, nem mesmo defender uma posição sob o nome de antifundacionalismo. Essas duas posições estão juntas como versões diferentes do fundacionalismo e da problemática cética que dele resulta. Na verdade, a

---

4 Isso fica bastante claro em críticas feministas de Jürgen Habermas e de Catharine MacKinnon. Ver Iris Young (1987); Fraser (1989, especialmente "What's Critical about Critical Theory: the Case of Habermas and Gender"); Wendy Brown, "Razing Consciousness", *The Nation*, n.250, p.2, jan. 1990.

Debates feministas

tarefa é interrogar o que o movimento teórico que estabelece fundações *autoriza*, e o que de fato ele exclui ou impede.

Aparentemente, a teoria requer fundações de modo incessante, e forma naturalmente compromissos metafísicos implícitos, mesmo quando tenta se proteger deles; as fundações funcionam como o inquestionado e o inquestionável dentro de qualquer teoria. E, ainda assim, essas mesmas "fundações", ou seja, essas premissas que funcionam como argumentos de autorização, não são elas constituídas por meio de exclusões que, quando consideradas, expõe a premissa fundacional como uma presunção contingente e contestável? Mesmo quando afirmamos que há alguma base universal implícita para uma fundação qualquer, essa implicação e essa universalidade simplesmente constituem uma nova dimensão da inquestionabilidade.

Como é possível que baseemos uma teoria ou política num discurso ou na posição de um sujeito considerado "universal" quando a própria categoria do universal apenas começou a ser exposta por seu viés altamente etnocêntrico? Quantas "universalidades" existem (Nandy, 1983)[5] e a que ponto o conflito cultural é entendido como a colisão de um conjunto de "universalidades" presumidas e intransigentes, um conflito que não pode ser negociado com a utilização de uma noção culturalmente imperialista do "universal" ou, na verdade, que só será resolvida desse modo às custas de violência? Acho que testemunhamos a violência conceitual e material dessa prática na guerra dos Estados Unidos contra o Iraque, em que o "outro" árabe é compreendido como radicalmente "externo" às

---

5 Ver Ashis Nandy sobre a noção de universalidades alternativas no prefácio.

estruturas universais da razão e da democracia e, assim, pede para ser incluído à força. Significativamente, os Estados Unidos precisaram abolir o princípio democrático de soberania política e da liberdade de expressão, entre outras coisas, para conseguir esse retorno forçado do Iraque ao círculo "democrático". Esse movimento violento revela, entre outras coisas, que tais noções de universalidade são instaladas pela abolição dos próprios princípios universais a serem implementados. Dentro do contexto político do pós-colonialismo de modo mais geral, talvez seja especialmente urgente sublinhar a própria categoria de "universal" como uma posição de insistente controvérsia e ressignificação.[6] Dado o caráter contestado do termo, partir de uma ideia da existência de uma noção procedural ou substantiva do universal é necessariamente impor uma noção cultural hegemônica ao campo social. Assim, anunciar essa noção como instrumento filosófico que irá negociar entre conflitos de poder é precisamente salvaguardar e reproduzir uma posição de poder hegemônica ao instalá-la numa condição metapolítica de normatividade definitiva.

A princípio, pode parecer que estou apenas defendendo uma "universalidade" mais concreta e internamente diversa, uma noção do universal mais sintética e inclusiva e, desse modo, mais comprometida com a própria noção fundacional que procuro solapar. Mas minha tarefa é, eu acho, significativamente diferente daquela que articularia uma universalidade compreensiva. Em primeiro lugar, uma noção assim totalizadora só poderia ser atingida se fossem produzidas novas e mais

---

6 Nesse contexto, é importante considerar a noção de Bhabha (1994) sobre "hibridade".

Debates feministas

amplas exclusões. O termo "universalidade" teria de ser deixado permanentemente aberto, permanentemente contestado, permanentemente contingente, de modo a não impedir pedidos futuros de inclusão. De fato, de onde me situo e de qualquer perspectiva historicamente confinada, qualquer conceito totalizante do universal irá encerrar e não autorizar as alegações inesperadas e inesperáveis que serão feitas sob o signo do "universal". Nesse sentido, não estou acabando com a categoria, mas tentando liberá-la de seu peso fundacional de modo a transformá-la num espaço de contestação política permanente.

Uma teoria social comprometida com a contestação democrática dentro de um horizonte pós-colonial precisa achar uma maneira de questionar as fundações que é levada a estabelecer. Na minha opinião, o coração de qualquer projeto político radical é justamente esse movimento de interrogação do artifício da autoridade que busca evitar a contestação. Visto que o pós-estruturalismo oferece um modo de crítica que leva a essa contestação do movimento fundacional, ele pode ser usado como parte de uma tal agenda extremista. Notem que eu disse "pode ser usado": acho que não há consequências necessariamente políticas para tal teoria, apenas uma possível mobilização política.

Se um dos aspectos associados ao pós-modernismo é que o ponto de partida epistemológico na filosofia é inadequado, então a questão não deveria ser o conflito entre sujeitos que alegam saber e teorizar sob o signo do pós-moderno e outros sujeitos que dizem saber e teorizar sob o signo do moderno. Na verdade, é exatamente esse modo de enquadrar o debate que está sendo contestado pela sugestão de que a posição articulada pelo sujeito é sempre, de alguma maneira, constituída por

Seyla Benhabib • Judith Butler • Drucilla Cornell • Nancy Fraser

aquilo que deve ser desalojado para que aquela posição se afirme, e que o sujeito que teoriza é constituído como um "sujeito teorizador" por um conjunto de procedimentos excludentes e seletivos. Pois quem será constituída como a teórica feminista cujo enquadramento do debate ganhará publicidade? Não é verdade que o poder sempre opera de antemão, nos próprios procedimentos que estabelecem quem será o sujeito que fala em nome do feminismo, e para quem? E não é igualmente claro que um processo de sujeição está pressuposto no processo de subjetivar que coloca na sua frente um sujeito falante do debate feminista? O que fala quando "eu" falo a vocês? Quais são as histórias de sujeição e subjetivação que me "posicionam" aqui agora? Se existe algo chamado a "posição de Butler", essa que crio, publico e defendo, ela me pertence como uma espécie de propriedade acadêmica? Ou existe uma gramática do sujeito que meramente nos encoraja a me posicionar como proprietária dessas teorias?

Na verdade, como uma posição se torna uma posição, já que decerto nem toda a declaração pode ganhar esta classificação? Nitidamente, a questão é um certo poder autorizante, que não emana da própria posição. Minha posição é minha na proporção que "eu" — e não me esquivo do pronome — repito e ressignifico as posições teóricas que me constituíram, trabalhando a possibilidade de suas convergências e tentando levar em conta as perspectivas que elas excluem de forma sistemática. Mas eu certamente não presido sobre as posições que me constituíram, passando por elas de modo instrumental, deixando algumas de lado, incorporando outras, ainda que algumas de minhas atividades possam tomar essa forma. O "eu" que escolheria dentre elas já é constituído por elas. O "eu" é o

Debates feministas

ponto de transferência daquela repetição, mas não é um argumento suficientemente forte para dizer que o "eu" é situado; o "eu", este "eu", é *constituído* por essas posições, e essas "posições" não são meramente produtos teóricos, e sim princípios de organização totalmente integrados de práticas materiais e arranjos institucionais, aquelas matrizes de poder e discurso que me produzem como um "sujeito" viável. De fato, esse "eu" não seria um "eu" pensante e falante não fosse pelas próprias posições às quais me oponho, pois tais posições, aquelas que alegam que o sujeito deve ser dado de antemão e que o discurso é um instrumento de reflexão sobre aquele sujeito, já são parte do que me constitui.

Nenhum sujeito é seu próprio ponto de partida; e a crença nessa fantasia só resulta na negação de suas relações constitutivas, ao reinterpretá-las como o terreno de uma externalidade compensatória. Na verdade, é possível considerar a afirmação de Luce Irigaray de que o sujeito, compreendido como uma fantasia da autogênese, já é sempre masculino. Psicanaliticamente, essa versão do sujeito é constituída por meio de uma espécie de negação ou através da repressão primária de sua dependência ao maternal. E tornar-se um *sujeito* nesse modelo certamente não é um objetivo feminista.

A crítica do sujeito não é uma negação ou um repúdio ao sujeito, e sim uma maneira de interrogar a sua construção como uma premissa oferecida de antemão ou fundacional. No início da guerra contra o Iraque, víamos estrategistas que colocavam mapas do Oriente Médio na nossa frente, objetos de análise e alvos de ação militar instrumental. Generais da ativa e aposentados eram chamados pelas redes de TV para se colocar no lugar de generais de campo cujas intenções seriam

Seyla Benhabib • Judith Butler • Drucilla Cornell • Nancy Fraser

invariavelmente atingidas na destruição de várias bases militares iraquianas. As muitas afirmações do sucesso inicial dessas operações eram comunicadas com grande entusiasmo, e parecia que o cumprimento do objetivo, essa realização aparentemente impecável da intenção por meio de uma ação instrumental sem grande resistência ou inconvenientes, era a ocasião certa não apenas para destruir as instalações militares iraquianas, mas também para celebrar um sujeito ocidental masculinizado cuja vontade é imediatamente transformada em um feito, cuja expressão ou ordem se materializa numa ação que destruiria a própria possibilidade de um contra-ataque e cujo poder destruidor confirma imediatamente os contornos impenetráveis de sua própria identidade como sujeito.

Talvez seja interessante lembrar nesse ponto que Foucault ligou o deslocamento do sujeito intencional com as modernas relações de poder que ele mesmo associava à guerra (Foucault, 1980, p.102). Acho que o que ele quis dizer é que sujeitos que instituem ações são eles próprios resultados instituídos de ações prévias, e que o horizonte no qual agimos existe ali como uma possibilidade constitutiva de nossa própria capacidade de agir, não apenas ou exclusivamente como um campo ou teatro externo de operações. Mas talvez de forma mais significativa, as ações instituídas por meio daquele sujeito são parte de uma cadeia de ações que não pode mais ser entendida como unilinear em sua direção ou previsível em seus resultados. Ainda assim, o sujeito militar instrumental parece a princípio lançar palavras que se materializam diretamente em feitos destrutivos. E ao longo da guerra, era como se o sujeito masculino ocidental assumisse o poder divino de traduzir palavras em feitos; quase todos os âncoras eram tomados por uma alegria acachapante

Debates feministas

quando mostravam, viam ou apresentavam vicariamente a exatidão da destruição. Quando a guerra começou, ouvia-se na televisão a palavra "euforia", e um âncora observou que as armas americanas eram instrumentos de "terrível beleza" (CBS), celebrando de forma prematura e fantasiosa a capacidade que tinham de agir instrumentalmente no mundo, e assim exterminar a oposição e controlar as consequências desse extermínio. Mas a consequencialidade desse ato não pode ser prevista pelo ator instrumental que celebra naquele momento a efetividade de suas próprias intenções. O que Foucault sugeriu é que esse sujeito é, ele próprio, resultado de uma genealogia que é apagada quando o sujeito toma a si mesmo como a única origem de sua ação, e que os resultados de uma ação sempre suplantam a intenção ou o propósito declarado do ato. Na verdade, os resultados da ação instrumental têm sempre o poder de proliferar além do controle do sujeito, de desafiar a transparência racional da intencionalidade daquele sujeito e, desse modo, subverter a própria definição do sujeito. Sugiro que estamos em meio a uma celebração do sujeito fantasmático por parte do governo dos Estados Unidos e de alguns de seus aliados, aquele sujeito que determina seu mundo de modo unilateral e que é, de certo modo, tipificado pelas cabeças de generais aposentados sobrepostas ao mapa do Oriente Médio, mostrando o porta-voz desse sujeito como se fosse do mesmo tamanho, ou maior, do que a área que ele procura dominar. De certo modo, esse é o grafismo do sujeito imperialista, uma alegoria visual da ação em si.

Aqui você pode achar que fiz uma distinção entre a ação em si e algo como a representação, mas quero fazer uma afirmação mais forte. Talvez você tenha notado que Colin Powell,

Seyla Benhabib • Judith Butler • Drucilla Cornell • Nancy Fraser

chefe do Estado-Maior Conjunto, invocou o que me parece ser uma nova convenção militar ao chamar o envio de mísseis de "entrega de artilharia" [*the delivery of ordnance*]. A expressão me soa significativa; ela coloca um ato de violência como um ato legal,[7] e assim envolve a destruição numa aparência de ordem; mais ainda, faz do míssil uma espécie de comando, uma ordem a ser obedecida e é, desse modo, ele mesmo posto como um certo ato de discurso que não só entrega uma mensagem – saiam do Kuwait –, como a reforça por meio da ameaça da morte e da própria morte. É claro que essa é uma mensagem que não pode ser recebida, pois mata o destinatário e, assim, não é comando algum, mas, na verdade, o fracasso de todos os comandos, a recusa da comunicação. Aqueles que sobreviverem para ler a mensagem não lerão aquilo que algumas vezes está literalmente escrito no míssil.

Ao longo da guerra, testemunhamos e participamos da confluência entre a tela de televisão e a lente do piloto de bombardeiro. Nesse sentido, o registro visual dessa guerra não é um *reflexo* da guerra, e sim a representação de sua estrutura fantasmática, parte dos vários meios, na verdade, pelos quais ela é socialmente constituída e mantida como uma guerra. A assim chamada "bomba inteligente" registra o seu alvo enquanto se move para destruí-lo – uma bomba com uma câmera na frente, uma espécie de falo ótico; ela manda aquele filme ao centro de comando e o filme é refilmado na televisão, constituindo de modo efetivo a tela da televisão e seus espectadores como o

---

7 O termo militar em inglês *ordnance* – artilharia em português –, está ligado etimologicamente ao termo legal *ordinance* – decreto, em português [N.T.]

Debates feministas

aparato estendido da própria bomba. Nesse sentido, ao vermos estamos bombardeando, identificados tanto com o bombardeiro quanto com a bomba, voando pelo espaço, transportados do continente norte-americano ao Iraque, ainda que confortavelmente alojados no sofá da sala. A tela da bomba inteligente é, evidentemente, destruída no momento em que realiza sua destruição, o que significa que esse é um registro de um ato completamente destruidor que não poderá nunca registrar a destruição e que, de fato, resulta na fantasmática distinção entre o golpe e suas consequências. Assim, enquanto espectadores, representamos de fato a alegoria do triunfo militar: mantemos nossa distância visual e nossa segurança física com a representação sem corpo do assassinato que não produz sangue e sobre o qual mantemos nossa impermeabilidade radical. Nesse sentido, em relação a esse local de destruição, estamos absolutamente próximos, absolutamente essenciais e absolutamente distantes, uma figura do poder imperial que abraça o ponto de vista aéreo, global, o assassino desencarnado que nunca poderá ser assassinado, o *sniper* como figura do poder militar imperialista. Assim, a tela da TV redobra a visão aérea, garantindo uma fantasia de transcendência, de um instrumento desencarnado de destruição que é infinitamente protegido de um contra-ataque pela garantia da distância eletrônica.

Essa visão aérea nunca chega perto de contemplar os *resultados* de sua destruição e, quando um *close-up* do local parece possível, a tela convenientemente se autodestrói. Desse modo, apesar de ter sido feito para parecer um bombardeio humanitário, que mira apenas edifícios e instalações militares, ele é, ao contrário, o resultado da exclusão de um fotograma que ti-

Seyla Benhabib • Judith Butler • Drucilla Cornell • Nancy Fraser

rou de vista a destruição sistemática de uma população, o que Foucault chama de sonho moderno dos Estados.[8] Ou talvez devamos colocar de outra maneira: precisamente por tirar de vista seus alvos, alegando que isso prova a capacidade de acerto cirúrgico, esse é um fotograma que mostra de forma efetiva a aniquilação que ele sistematicamente desrealiza.

O semideus de um sujeito militar norte-americano que com euforia realizou a fantasia de atingir seus objetivos sem dificuldade não entende que seus atos produziram resultados que excederão em muito o seu fantasmático campo de ação; ele acha que seus objetivos foram alcançados em questão de semanas e que sua ação foi encerrada. Mas a ação continua a agir depois que o sujeito intencional declarou a sua conclusão. Os resultados de suas ações já inauguraram a violência em lugares e em modos que ele não só não podia prever, mas que, ao final, será incapaz de conter, resultados que produzirão uma

---

8 "Guerras não são mais travadas em nome de soberania que deva ser defendida, mas sim em nome da existência de todos: populações inteiras são mobilizadas com o propósito de carnificinas indiscriminadas em nome da necessidade de vida; massacres tornaram-se vitais", escreve ele. Em seguida, ele completa: "O princípio que marca as táticas de batalha – que é preciso matar para poder continuar a viver – tornou-se o princípio que define a estratégia dos Estados". Mas a existência em jogo não é mais a existência jurídica da soberania: o que está em questão é a existência biológica de uma população. Se o genocídio é, de fato, o sonho dos poderes modernos, a razão não é um recente retorno do velho direito de matar; é porque o poder está situado e exercido ao nível da vida, da espécie, da raça e do fenômeno em larga escala da população" (Foucault, 1980, p.137).

Debates feministas

contestação massiva e violenta da fantasmática autoconstrução do sujeito ocidental.

Vou tentar, então, voltar ao referido sujeito. De certo modo, o sujeito é constituído por meio de uma exclusão e diferenciação, talvez uma repressão, que é subsequentemente escondida, encoberta, pelo resultado da autonomia. Nesse sentido, a autonomia é a consequência lógica de uma dependência negada, o que significa que o sujeito autônomo só pode manter a ilusão de sua autonomia se ocultar o rompimento do qual é constituído. Essa dependência e esse rompimento já são relações sociais, do tipo que precedem e condicionam a formação do sujeito. Como resultado, essa não é uma relação na qual o sujeito encontra a si mesmo, como uma das relações que forma a sua situação. O sujeito é construído com atos de diferenciação que o distinguem de seu exterior constitutivo, um campo de alteridade desprezado, convencionalmente associado com o feminino, ainda que não de maneira exclusiva. Precisamente nessa guerra, vimos "o árabe" concebido como o outro desprezado assim como um terreno de fantasia homofóbica evidenciada pela abundância de piadas ruins feitas com base na proximidade linguística entre Saddam e Sodoma.

Não há reflexividade ontologicamente intacta no sujeito que é, então, colocado dentro de um contexto cultural; este já existe ali como o processo desarticulado da produção daquele sujeito, oculto pela moldura que situaria um sujeito pronta-entrega numa teia externa de relações culturais.

Podemos ser tentados a pensar que determinar o sujeito de antemão é necessário para salvaguardar a *agência* do sujeito. Mas alegar que o sujeito é constituído não significa que ele é determinado; pelo contrário, o caráter constituído do sujei-

Seyla Benhabib • Judith Butler • Drucilla Cornell • Nancy Fraser

to é a exata precondição de sua agência. Afinal, o que permite uma reconfiguração intencional e significativa de relações políticas e culturais senão uma relação que pode ser virada contra ela mesma, retrabalhada, resistida? Precisamos pressupor teoricamente, desde o início, um sujeito com agência antes de poder articular os termos de uma tarefa política e social de transformação, resistência e democratização radical? Se não oferecemos de antemão a garantia teórica daquele agente, estamos fadados a desistir da transformação e da prática política significativa? Minha sugestão é que a agência pertence a uma maneira de pensar sobre as pessoas como atores instrumentais que confrontam um campo político externo. Mas se concordamos que política e poder já existem no nível no qual o sujeito e sua agência são articulados e tornados possíveis, então a agência só pode ser *presumida* às custas de recusar a investigação de sua construção. Considere que a "agência" não tem existência formal ou, se a tem, que ela não se relaciona com o caso em questão. De certa forma, o modelo epistemológico que nos oferece um sujeito ou agente prévio é aquele que se recusa a admitir que a *agência é sempre e somente uma prerrogativa política*. Como tal, parece crucial questionar as condições de sua possibilidade, não aceitá-la como um *a priori* garantido. Em vez disso, precisamos perguntar que possibilidades de mobilização são produzidas com base em configurações existentes de discurso e poder? Onde estão as possibilidades de retrabalhar aquela própria matriz do poder pela qual somos constituídos, de reconstituir o legado daquela constituição e de trabalhar, um contra o outro, aqueles processos de regulação que podem desestabilizar regimes de poder existentes? Pois se o sujeito é constituído pelo poder, aquele poder não cessa no momento

Debates feministas

em que o sujeito é constituído, pois aquele sujeito nunca está completamente constituído e, ao contrário, é submetido e produzido repetidamente. Aquele sujeito não é nem terreno, nem produto, mas a possibilidade permanente de um certo processo de ressignificação, um processo que é desviado e retardado por outros mecanismos de poder, mas que é a própria possibilidade de retrabalhar o poder. Não é suficiente dizer que o sujeito está invariavelmente engajado num campo político; esse fraseado fenomenológico não percebe que o sujeito é uma realização regulada e produzida de antemão. E é, desse modo, completamente político; talvez ainda *mais* político no momento em que é considerado anterior à própria política. Realizar esse tipo de crítica foucaultiana do sujeito não é excluir o sujeito ou declarar a sua morte, mas apenas afirmar que certas versões do sujeito são politicamente insidiosas.

Considerar o sujeito um ponto de partida previamente oferecido para a política é adiar a questão de construção e regulação política do próprio sujeito; pois é importante lembrar que sujeitos são constituídos por meio da exclusão, ou seja, com a criação de uma esfera de sujeitos desautorizados, pré-sujeitos, figuras desprezadas, populações apagadas de vista. Isso fica claro dentro da lei, por exemplo, quando se deve primeiro preencher algumas qualificações para depois ser considerada requerente em casos de discriminação ou estupro. Aqui é imperioso perguntar quem se qualifica como um "quem", que estruturas sistemáticas de desempoderamento tornam efetivamente impossível para algumas vítimas invocarem o "eu" num tribunal? Ou menos abertamente, numa teoria social como a de *Retrato do colonizado precedido pelo retrato do colonizador*, de Albert Memmi – em outros quesitos um poderoso apelo à emancipa-

Seyla Benhabib • Judith Butler • Drucilla Cornell • Nancy Fraser

ção radical –, a categoria das mulheres não cabe em nenhuma categoria, nem de opressores nem de oprimidos.[9] Como teorizamos a exclusão das mulheres da categoria dos oprimidos? Aqui a construção de posições do sujeito funciona para excluir as mulheres da descrição de opressão, e isso constitui um outro tipo de opressão, uma que resulta do próprio *apagamento* que impede a articulação do sujeito emancipatório. Como Joan Scott deixa claro em *Gender and the Politics of History* [Gênero e a política da história], uma vez compreendido que sujeitos são formados por meio de operações de exclusão, torna-se politicamente necessário investigar as operações dessa construção e desse apagamento (Scott, 1988).

O dito acima esboça em parte uma reinscrição foucaultiana do sujeito, um esforço para ressignificar o sujeito como espaço de ressignificação. Como resultado, não é um "adeus" ao sujeito *per se*, mas, na verdade, um apelo para retrabalhar aquela noção fora dos termos de uma certeza epistemológica predeterminada. Mas talvez Foucault não seja realmente pós-moderno; afinal, ele realiza uma análise do poder *moderno*. Fala-se, é claro, da morte do sujeito, mas de *qual* sujeito? E qual o *status* da declaração que anuncia o seu falecimento? O que fala agora

---

9 "No ápice da revolta", escreveu Memmi, "o colonizado ainda exibe os traços e lições da coabitação prolongada (assim como o sorriso ou os movimentos de uma esposa, mesmo durante os procedimentos de divórcio, podem estranhamente fazer pensar naqueles do marido)." Aqui, Memmi constrói uma analogia que presume que o colonizador e o colonizado existem num relação paralela e separada daquela de um casal em vias de divórcio. Simultânea e paradoxalmente, a analogia sugere a feminização do colonizado, que se presume seja o sujeito do homem, e a exclusão das mulheres da categoria de sujeito colonizado (Memmi, 1965, p.129).

Debates feministas

que o sujeito está morto? É certo que existe a fala, do contrário como se ouviria o discurso? Claramente, então, a morte do sujeito não é o fim da agência, do discurso ou do debate político. Há o refrão segundo o qual logo agora, quando as mulheres começam a assumir o lugar de sujeitos, posições pós-modernas aparecem para anunciar que o sujeito está morto (existe uma diferença entre posições do pós-estruturalismo que dizem que o sujeito *nunca* existiu e posições pós-modernas que dizem que o sujeito já teve *algum dia* integridade, mas não mais a tem). Alguns creem numa conspiração contra as mulheres e outros grupos marginalizados que só agora começam a falar em nome próprio. Mas o que isso significa de fato, e como justificamos a crítica extremamente forte do sujeito enquanto instrumento da hegemonia do imperialismo ocidental teorizada por Anzaldua (1988), Spivak (1988) e vários teóricos do pós-colonialismo? É preciso cautela, sem dúvida, quanto à possibilidade de que na luta por emancipação e democratização possamos acabar adotando os mesmos modelos de dominação pelos quais somos oprimidas, sem nos dar conta de que um dos modos de funcionamento daquela dominação se dá com a regulação e a produção dos sujeitos. Por meio de quais exclusões foi construído o sujeito feminino e como aqueles domínios excluídos voltam para assombrar a "integridade" e a "unidade" do "nós" feminista? Como é que a própria categoria, o sujeito, o "nós", que deve ser encarado com o propósito de solidariedade, produz a mesma facciosidade que deveria suprimir? As mulheres querem se tornar sujeitos dentro do modelo que exige e produz uma região anterior de abjeção, ou o feminismo deve se tornar uma jornada autocrítica sobre os processos que produzem e

83

Seyla Benhabib • Judith Butler • Drucilla Cornell • Nancy Fraser

desestabilizam categorias identitárias? Tomar a construção do sujeito como uma problemática política não é o mesmo que eliminar o sujeito; desconstruir o sujeito não é negar ou jogar fora o conceito; ao contrário, a desconstrução implica apenas que suspendamos todos os compromissos com aquilo a que se refere o termo "sujeito", e que consideremos as funções linguísticas que ele serve na consolidação e no acobertamento da autoridade. Desconstruir não é negar ou rejeitar, mas questionar e, talvez mais importante, levar um termo como sujeito a uma reutilização ou uma transferência não autorizada anteriormente.

Dentro do feminismo, parece haver uma necessidade política de falar como e para *mulheres*, que não vou contestar. Esse é, certamente, o modo pelo qual opera a política de representação e, nos Estados Unidos, esforços de *lobby* são virtualmente impossíveis sem recorrer à política identitária. Assim, concordamos que demonstrações e esforços legislativos e movimentos radicais precisam fazer reivindicações em nome das mulheres.

Mas essa necessidade precisa ser conciliada com outra. No momento em que a categoria das mulheres é invocada como *descritiva* do grupo representado pelo feminismo, começa um debate interno sobre qual será o conteúdo descritivo desse termo. Há aqueles que argumentam que a maternidade cria uma especificidade ontológica para as mulheres, formando a base de um interesse político e específico na representação, e há outros que entendem a maternidade como uma relação social que é, sob as circunstâncias sociais atuais, a situação específica e intercultural das mulheres. E existem aqueles que buscam argumentos em Gilligan e outras para estabelecer uma especificidade feminina evidenciada nas comunidades ou nos

84

Debates feministas

modos de conhecimentos das mulheres. Mas sempre que essa especificidade é articulada, há resistência e facciosidade dentro do próprio grupo que deveria ser *unificado* pela articulação de seu elemento em comum. Nos anos 1980, o "nós" feminista foi corretamente atacado por mulheres de cor, alegando que o "nós" era invariavelmente branco e que esse "nós" que deveria solidificar o movimento era a própria fonte de uma dolorosa facciosidade. O esforço em caracterizar uma especificidade feminina pelo recurso da maternidade, seja ela biológica ou social, produziu uma facciosidade similar e até mesmo uma rejeição total do feminismo. Pois é evidente que nem todas as mulheres são mães; algumas não podem ser, outras são muito jovens ou muito velhas para tal, algumas fazem outras escolhas, e para algumas que são mães, esse não é necessariamente o ponto de partida de sua politização no feminismo.

Eu argumentaria que qualquer tentativa de dar conteúdo universal ou específico à categoria das mulheres, presumindo que a garantia de solidariedade seja exigida *previamente*, irá necessariamente produzir facciosidade, e que "identidade" como ponto de partida não se sustenta como base segura para um movimento político feminista. Categorias identitárias nunca são apenas descritivas, mas sempre normativas e, como tal, excludentes. Isso não quer dizer que o termo "mulheres" não deva ser usado, ou que devamos anunciar o fim da categoria. Ao contrário, se o feminismo pressupõe que "mulheres" designa um campo indefinível de diferenças, um que não pode ser totalizado ou sumarizado por uma categoria de identidade descritiva, então o próprio termo se torna um terreno de abertura e ressignificação permanentes. Na minha opinião, os desacordos entre as mulheres em relação ao conteúdo do termo

Seyla Benhabib • Judith Butler • Drucilla Cornell • Nancy Fraser

devem ser salvaguardados e prezados e, mais ainda, esse desacordo constante deve ser confirmado como o terreno instável da teoria feminista. Desconstruir o sujeito do feminismo não significa, assim, censurar seu uso, mas, ao contrário, liberar o termo para um futuro de múltiplas significações, emancipá-lo das ontologias maternais e raciais às quais foi restrito e deixá-lo ser um terreno povoado por significados inesperados.

Paradoxalmente, liberar a categoria das mulheres de um referencial fixo talvez seja a única maneira de tornar possível algo como "agência". Pois se o termo admite uma ressignificação, se seu referencial não for fixo, tornam-se então possíveis novas configurações do termo. Em certo sentido, o significado de mulheres foi por muito tempo aceito sem discussão, e o que se fixou como o "referente" do termo acabou "fixado", normalizado, imobilizado, paralisado em posições de subordinação. De fato, o significado foi misturado com o referente, por onde um conjunto de significados passou a ser entendido como inerente à real natureza das próprias mulheres. Recolocar o referente como o significado e autorizar ou resguardar a categoria das mulheres como terreno de possíveis ressignificações é expandir as possibilidades do que significa ser uma mulher e, nesse sentido, condicionar e permitir uma maior percepção de agência.

É possível perguntar: mas não deve haver um conjunto de normas que discriminem entre aquelas descrições que deveriam aderir à categoria das mulheres e aquelas que não deveriam? A única resposta a essa pergunta é uma contrapergunta: quem definiria essas normas e quais contestações elas produziriam? Estabelecer uma fundação normativa para resolver a questão do que deve ser de fato incluído na descrição das mulheres serviria

Debates feministas

apenas, e sempre, a produzir um novo terreno de disputa política. Essa fundação não resolveria coisa alguma e, por necessidade, acabaria tropeçando em seu próprio artifício autoritário. Isso não significa que não haja fundação, e sim que, onde quer que ela exista, também acontecerá o tropeço, a contestação. Recusar essa disputa é sacrificar o ímpeto democrático radical da política feminista. Que a categoria seja irrestrita, ainda que isso possa servir a propósitos antifeministas, será parte do risco desse procedimento. Contudo, esse é um risco produzido pelo próprio fundacionalismo que busca proteger o feminismo de tal risco. Em certo sentido, esse risco é a fundação – e, em consequência, não o é – de qualquer prática feminista.

Na parte final deste ensaio, eu gostaria de abordar uma questão correlata, que emerge da preocupação de que uma teoria feminista não pode prosseguir sem a presunção da materialidade dos corpos femininos, a materialidade do sexo. Se tudo é discurso, diz o argumento do anti-pós-modernismo, então não há realidade nos corpos? Como compreender a violência material de que sofrem as mulheres? Ao responder a essa crítica, eu sugeriria que a própria formulação interpreta com equívoco o ponto crítico.

Não sei o que é o pós-modernismo, mas tenho alguma ideia do que pode significar sujeitar noções de corpo e materialidade a uma crítica desconstrutiva. Desconstruir o conceito da matéria ou dos corpos não é negar ou recusar qualquer dos dois termos. Desconstruir esses termos significa, de fato, continuar a usá-los, a repeti-los, a repeti-los subversivamente e a removê-los de contextos nos quais foram inseridos como instrumentos do poder opressivo. Aqui é preciso deixar bem claro

Seyla Benhabib • Judith Butler • Drucilla Cornell • Nancy Fraser

que as opções pela teoria não se exaurem na *presunção* da materialidade, de um lado, e a *negação* da materialidade, de outro. Meu propósito é evitar os dois. Questionar uma pressuposição não é o mesmo que eliminá-la: ao contrário, é liberá-la de suas instalações metafísicas de modo que ocupe e sirva a objetivos políticos muito diferentes. Problematizar a questão dos corpos requer em primeiro lugar uma perda da certeza epistemológica, mas essa perda da certeza não resulta necessariamente no niilismo político.[10]

Se uma desconstrução da materialidade dos corpos suspende e problematiza o referente ontológico tradicional do termo, ela não congela, bane, inutiliza ou esvazia de sentido o uso do termo; ao contrário, oferece as condições de *mobilizar* o significante a serviço de uma produção alternativa.

Considere aquele conceito mais material – "sexo" – que Monique Wittig chama de categoria totalmente política e que Michel Foucault chama de "unidade fictícia" e reguladora. Para os dois teóricos, sexo não *descreve* uma materialidade anterior, mas produz e regula a *inteligibilidade* da *materialidade* dos corpos.

---

10 O corpo pressuposto como anterior ao signo é sempre *pressuposto* ou *significado como anterior*. Essa significação funciona por meio da produção de um *resultado* de seu próprio procedimento, o corpo que ele, ainda assim e simultaneamente, alega descobrir como aquele que *precede* a significação. Se o corpo significado como anterior à significação é resultado da significação, então o *status* mimético ou representacional da linguagem, que afirma que o signo segue os corpos como espelhos necessários, não é absolutamente mimético; ao contrário, é produtivo, constitutivo, pode-se dizer até *performativo*, tanto quanto esse ato significante produz o corpo que, em seguida, afirma encontrar antes de toda e qualquer significação.

Debates feministas

Para ambos, e de maneiras diferentes, a categoria do sexo impõe uma dualidade e uma uniformidade nos corpos de modo a manter a sexualidade reprodutiva como uma ordem compulsória. Já expliquei com mais precisão, em outros espaços, como isso funciona, mas, para nossos propósitos, gostaria de sugerir que esse tipo de categorização possa ser chamado de violenta, imposta, e que essa ordenação e produção discursiva dos corpos de acordo com a categoria do sexo são nelas mesmas uma violência material.

A violência da letra, a violência da marca que estabelece o que vai e o que não vai significar, o que vai e o que não vai ser incluído dentro do inteligível, ganha uma significação política quando a letra é a lei ou a legislação oficial do que será a materialidade do sexo.

Então, o que esse tipo de análise pós-estrutural nos diz sobre violência e sofrimento? Será que formas de violência devem ser entendidas como mais difundidas, mais constitutivas e mais insidiosas do que modelos anteriores nos permitiram ver? Isso é parte do ponto da discussão prévia sobre guerra, mas vou agora colocá-lo de modo diferente num outro contexto.

Considere as restrições legais que regulam o que conta e o que não conta como estupro: aqui, a política da violência opera com a regulação daquilo que poderá, ou não, parecer um resultado de violência.[11] Nessa exclusão, a violência já está ativa, uma determinação prévia do que pode, ou não, ser qualificado sob o nome de "estupro" ou "violência governamental" ou, no caso de Estados nos quais são necessárias doze peças diferentes

---

11 Para uma análise extensa da relação entre linguagem e estupro, ver Marcus (1992).

de evidências empíricas para estabelecer "estupro", o que pode ser chamado de estupro facilitado pelo governo.

Uma mesma linha de raciocínio está em funcionamento em discursos sobre estupro quando o "sexo" de uma mulher é apresentado como aquilo que estabelece a responsabilidade por sua própria violação. O advogado de defesa no caso de estupro coletivo de New Bedford perguntou à querelante: "Se você mora com um homem, o que fazia correndo pela rua sendo estuprada?".[12] O "correndo pela rua" nessa frase colide gramaticalmente com o "sendo estuprada": "ser estuprada" parece ser algo que ela buscava na rua, mas "sendo estuprada" sugere a voz passiva. Seria literalmente difícil, claro, estar ao mesmo tempo "correndo pela rua" e "sendo estuprada", o que sugere uma passagem omitida, talvez um referencial que leve de um ao outro? Se o sentido da frase é "correndo pela rua [buscando] ser estuprada", que parece ser a única maneira lógica de ligar as duas partes da frase, então o estupro como uma aquisição passiva é exatamente o objeto de sua busca. A primeira parte sugere que seu "lugar" é a casa, com seu homem, e que a "rua" faz dela caça autorizada. Se almeja o estupro, ela busca se tornar a propriedade de algum outro, e esse objetivo está instalado em seu desejo, concebido aqui como uma busca intensa. Ela está "correndo pela rua", o que sugere que corre atrás de um estuprador para satisfazê-la. De modo significativo, a expressão tem como princípio estrutural de seu desejo o "sendo estuprada", em que o estupro é apresentado como um ato de autoexpropriação voluntária. Já que ser a propriedade de um homem é o objetivo de seu "sexo", articulado em

---

12 Citado em MacKinnon (1989, p.171).

Debates feministas

e por meio de seu desejo sexual, e estupro é o modo no qual essa apropriação acontece "na rua" [uma lógica que sugere que o estupro está para o casamento como as ruas estão para a casa, ou seja, que "estupro" é o casamento das ruas, um casamento sem casa, um casamento para meninas sem-teto, e que o casamento é o estupro domesticado], então o "estupro" é a consequência lógica da expressão de seu sexo e da sexualidade fora da domesticidade. Pouco importa que esse estupro tenha acontecido em um bar, pois o "bar" é, nesse imaginário, apenas uma extensão da "rua", ou talvez seu momento exemplar, pois não há delimitações, ou seja, não há proteção, além do *lar* como espaço matrimonial doméstico. De todo modo, a única causa de sua violação é aqui apresentada como seu "sexo" que, dada sua propensão intrínseca a buscar a expropriação, uma vez deslocada do decoro doméstico, naturalmente busca seu estupro e é assim responsável por ele.

A categoria de sexo funciona aqui como um princípio de produção e regulação ao mesmo tempo, a causa da violação considerada como princípio formativo do corpo é a sexualidade. Sexo aqui é uma categoria, mas não apenas uma representação; é um princípio de produção, inteligibilidade e regulação que compele a uma violência e a racionaliza depois do fato. Os próprios termos pelos quais a violação é explicada *representam* a violação e admitem que esta começou a acontecer antes de tomar a forma empírica de um ato criminal. Essa representação retórica *mostra* que a "violência" é produzida com a supressão que resulta dessa análise, por meio do apagamento e da negação que determinam o campo das aparências e da inteligibilidade dos crimes de culpabilidade. Enquanto categoria que efetivamente produz a significação política do que descreve,

Seyla Benhabib • *Judith Butler* • *Drucilla Cornell* • *Nancy Fraser*

"sexo" aqui põe em funcionamento sua "violência" ao regular o que é e o que não é designável.

Eu coloco os termos "violência" e "sexo" entre aspas: isso será o sinal de uma certa desconstrução, o fim da política? Ou eu estaria sublinhando a estrutura iterável desses termos, o modo como cedem à repetição, como ocorrem ambiguamente, e estaria fazendo isso precisamente para promover uma análise política? Eu os coloco entre aspas para mostrar que estão em disputa, para questionar seu uso tradicional e para sugerir algum outro. As aspas não questionam a urgência ou a credibilidade do sexo ou da violência enquanto tópicos políticos, mas, ao contrário, mostram que o modo no qual sua própria materialidade é circunscrita é completamente política. O resultado das aspas é desnaturalizar os termos, designá-los como terreno de debate político.

Se existe o medo de que, ao contestar o sujeito, seu gênero, seu sexo ou sua materialidade, o feminismo pode afundar, talvez seja sábio considerar as consequências políticas de deixar intocáveis as próprias premissas que tentam manter nossa subordinação desde o início.

3
Falsas antíteses:
uma resposta a Seyla Benhabib
e Judith Butler

Nancy Fraser

Ostensivamente, os ensaios de Seyla Benhabib e Judith Butler debatem a relação entre feminismo e pós-modernismo.[1] No entanto, ao longo da discussão, um debate sobre "modernidade" *versus* "pós-modernidade" transformou-se em debate sobre os relativos méritos da Teoria Crítica e do pós-estruturalismo. Benhabib defende um feminismo enraizado na Teoria Crítica e com premissas nos conceitos de autonomia, crítica e utopia. O feminismo de Butler, em contraste, tem como base concepções pós-estruturalistas de subjetividade, identidade e agência humana que se chocam com as concepções de Benhabib. Além disso, esta afirma que visões pós-modernistas e pós-estruturalistas da subjetividade são incompatíveis com a política feminista, enquanto Butler sustenta que posições

---

1 Agradeço os comentários muito úteis de Thomas McCarthy (1991, p.67), Linda Nicholson (1986) e Eli Zaretsky (1986). Os ensaios discutidos aqui são "Feminismo e a questão do pós-modernismo", de Seyla Benhabib, e "Fundações contingentes: feminismo e a questão do 'pós-modernismo'", ambos neste volume.

Seyla Benhabib • Judith Butler • Drucilla Cornell • Nancy Fraser

como a de Benhabib implicam um fundacionalismo autoritário antagônico ao projeto feminista. Finalmente, para complicar ainda mais a questão, as duas autoras divergem de como caracterizar sua discordância. Para Benhabib, o aspecto que as divide diz respeito à possibilidade de que proclamações pós-modernistas como "a morte do homem", "a morte da história" e "a morte da metafísica" possam apoiar políticas feministas. Para Butler, trata-se de saber se o pós-modernismo realmente existe além das fantasias paranoicas daqueles que procuram fundações seguras para políticas feministas em noções metafísicas desproblematizadas.

Evidentemente, Benhabib e Butler não discordam apenas quanto ao pós-modernismo, mas também sobre os méritos relativos da Teoria Crítica e o pós-estruturalismo. À primeira vista, suas visões parecem irreconciliavelmente opostas. Decerto, cada uma acredita que sua posição exclui a da outra. Assim, apesar de seus muitos desacordos, existe um aspecto com o qual estão ambas de acordo. As duas acreditam que a única maneira de resolver essa disputa é escolher entre Teoria Crítica e pós-estruturalismo; as feministas não podem ter ambos. Mas será essa, de fato, a única possibilidade? A aparente necessidade de optar por uma abordagem e rejeitar a outra cria dificuldades para leitores que, como eu, acham que as duas têm algo importante a oferecer às feministas.

Sustento que as feministas não têm de escolher entre Teoria Crítica e pós-estruturalismo; podemos, em vez disso, reconstruir cada abordagem de modo a reconciliá-las. Assim, argumento a seguir que a disputa Benhabib-Butler evoca falsas antíteses e polarizações desnecessárias. Para tal, vou identificar as respectivas forças e fraquezas de cada ensaio, sujeitando

Debates feministas

a escrutínio especial aquelas fórmulas, em cada posição, que pretendem excluir a outra em definitivo. Indicarei, particularmente, os pontos nos quais cada teórica exagerou ao extrapolar, até tornar quase implausíveis, considerações que deveriam ser sólidas. Nesses casos, vou propor formulações alternativas mais modestas e defensáveis que evitam gerar uma falsa antítese entre Teoria Crítica e pós-estruturalismo. Minha intenção é preservar os melhores elementos de cada paradigma, ajudando, assim, a preparar o terreno para sua integração proveitosa à teorização feminista.

Vou começar com o ensaio de Seyla Benhabib, que demonstra a sua clareza, abrangência e compromisso político habituais. Benhabib argumenta que o feminismo não deveria aceitar com muita pressa uma aliança com o pós-modernismo, apesar de algumas afinidades aparentes. Não há dúvida de que tanto pós-modernistas quanto feministas criticaram conceitos filosóficos tradicionais de homem, história e metafísica, mas suas críticas não são necessariamente convergentes. Pelo contrário, há versões pós-modernistas da "morte do homem", da "morte da história" e da "morte da metafísica" que não são compatíveis com o feminismo. Assim, é preciso distinguir as versões fortes e fracas dessas teses. As feministas podem — na verdade, devem — aceitar as versões fracas, mas as versões fortes devem ser decisivamente rejeitadas.

De acordo com Benhabib, uma versão pós-modernista forte da "morte do homem" enfraquece os princípios de autonomia e de subjetividade autorreflexiva das quais depende a política feminista. Do mesmo modo, uma interpretação pós-moderna forte obstrui a possibilidade de um interesse emancipatório no passado, incluindo a reconstrução da história da mulher.

Seyla Benhabib • Judith Butler • Drucilla Cornell • Nancy Fraser

Finalmente, uma versão forte da "morte da metafísica" enfraquece a possibilidade da crítica feminista radical que vai além da crítica imanente. Juntas, essas três teses pós-modernistas fortes se equivalem a um debilitante "retiro da utopia". Assim, as feministas deveriam rejeitá-las em favor de versões mais fracas, não debilitantes, da morte do homem, da morte da história e da morte da metafísica.

Aqui, Benhabib elaborou uma estratégia argumentativa esclarecedora e produtiva. Ao identificar essas teses e diferenciar versões fortes e fracas de cada uma, ela sugere um caminho para superar problemas que tipicamente contaminam debates sobre pós-modernismo. Com frequência, tais debates giram de maneira confusa em torno de declarações genéricas que misturam alegações analiticamente distintas. A abordagem de Benhabib, separando versões mais fracas e mais fortes de tais alegações, permite uma discussão mais nuançada e produtiva.

No entanto, a própria Benhabib não usa essa abordagem da maneira mais vantajosa. Em cada caso, ela mira uma tese pós-modernista que é muito forte e bem facilmente refutada. Em seguida, tendo "refutado o pós-modernismo", ela afirma ter estabelecido sua alternativa crítico-teórica. Essa afirmação, no entanto, não é persuasiva, já que ela não considerou outras versões das teses. Benhabib ignora versões de força média que não propõem uma falsa antítese entre Teoria Crítica e pós-estruturalismo e são teoricamente defensáveis e politicamente capacitadoras.

Veja, por exemplo, sua discussão sobre a morte da história. Esse tema tem sido destacado nas críticas pós-estruturalistas do marxismo, algumas das quais propõe que se jogue fora

Debates feministas

o "bebê" da reflexão histórica politicamente engajada com a "água do banho" da teleologia.[2] Frente a essas reações exageradas, Benhabib sensatamente quer uma visão que permita a historiografia engajada enquanto rejeita as metanarrativas essencialistas, monocausais, que celebram um só grupo como sujeito da história. O impulso de seu argumento é definir um meio-termo entre metanarrativas modernistas e pós-modernismos fortes que liquidaria a história completamente. Mas no momento em que o argumento exige alguma caracterização daquele meio-termo e da espécie de historiografia que o ocupa ria, o raciocínio de Benhabib hesita. Em vez de demarcar a posição intermediária que seu argumento exige, ela conclui com dúvidas sobre a possibilidade de que a historiografia feminista possa ser pós-moderna em *qualquer* sentido e ainda manter o interesse na emancipação.

A caminho dessa conclusão, Benhabib responde de maneira ambivalente a uma abordagem que, esta sim, demarca a posição intermediária: a versão do feminismo pós-modernista elaborada por Linda Nicholson e por mim em nosso ensaio "Social Criticism Without Philosophy: an Encounter between Femi-

---

2 O caso paradigmático da metanarrativa marxista teleológica é a visão de Lukács (1971) do proletariado como sujeito-objeto da história. Para uma crítica da metanarrativa marxista em nome do pós-modernismo, ver Lyotard (1984). Para uma visão mais extrema, que ameaça totalmente evacuar a história, ver Baudrillard (1983). Para uma apropriação neoconservadora recente do tema da morte da história, ver Francis Fukuyama, "The End of History?", *The National Interest*, n.16, p.3-18, 1989. Nenhum desses críticos considera versões e aspectos alternativos do marxismo que não se baseiam em metanarrativas teleológicas.

Seyla Benhabib • Judith Butler • Drucilla Cornell • Nancy Fraser

nism and Postmodernism".[3] Nele, Nicholson e eu nos opomos a interpretações sobre a morte da história que impediriam "grandes" histórias da dominação masculina. Nós distinguimos metanarrativas, que afirmam oferecer bases fundacionais em uma filosofia da história, de narrativas empíricas em larga escala, que são falibilísticas e não fundacionais. Essa distinção permite às feministas rejeitar metanarrativas, mas ainda assim afirmar a historiografia que percebe padrões amplos de relações de gênero ao longo de largos espaços de tempo.[4] Desse modo, ela ajuda a garantir uma das ferramentas intelectuais que precisamos para entender um fenômeno tão grande e complexo como a dominação masculina. Além disso, porque nossa posição permite tanto uma narrativa histórica ampla quanto uma narrativa local menor, ela possibilita que cada uma neutralize as tendências distorcidas da outra: as narrativas genealógicas locais corrigem a tendência dos relatos de larga escala de se solidificarem em "quase metanarrativas", enquanto relatos contextualizadores maiores ajudam a impedir que narrativas locais se tornem simples demonstrações de "diferença". Nicholson e eu concluímos que o resultado seria um modo de teoria feminista pós-modernista, pragmática, falibilística, que preservaria a força emancipatória social-crítica mesmo quando evitasse fundações filosóficas. Também seria uma espécie

---

3 Nancy Fraser e Linda Nicholson, "Social Criticism without Philosophy: an Encounter between Feminism and Postmodernism", *Theory, Culture & Society*, v.5, n.2-3, p.373-394, 1988, reimpresso em Nicholson (1989, p19-38).

4 Exemplos dessas grandes narrativas são Nicholson (1986) e Zaretsky (1986).

Debates feministas

de teoria feminista que superaria a falsa antítese entre Teoria Crítica e pós-estruturalismo ao integrar as melhores observações de cada um.

Benhabib apoia nossa defesa da "grande" historiografia, mas rejeita nosso modelo de teoria feminista pós-modernista, pragmática, falibilística. Ela alega que este último impede a historiografia guiada por um interesse emancipatório e permite apenas a ciência social sem valores. Infelizmente, ela não oferece nenhum argumento que respalde essa alegação. Será que ela quer dizer que apenas a metanarrativa pode garantir um interesse emancipatório na história?[5] Essa posição pressupõe uma falsa antítese entre antifundacionalismo e engajamento político. Não apenas discorda da posição declarada de Benhabib, mas é igualmente desmentida pelas muitas formas de historiografia engajada hoje praticadas por estudiosas feministas sem nenhum recurso à metanarrativa. Elas incluem histórias locais que recuperam tradições perdidas de agência ou resistência feminina; narrativas que devolvem a historicidade a práticas centradas no feminino até então mal compreendidas como naturais; histórias que reavaliam formas previamente depreciadas de cultura das mulheres; e genealogias que desnaturalizam categorias codificadas por gênero como "produção" e "reprodução" ou que reconstroem subtextos escondidos de

---

5 Thomas McCarthy sugeriu uma interpretação alternativa. Talvez a asserção de Benhabib seja que histórias em larga escala não podem ser precisamente diferenciadas das metanarrativas pois utilizam categorias gerais. Essa visão supõe que categorias gerais não podem ser igualmente categorias cujo *status* é não fundacional. Assim, também estabelece uma falsa antítese. Discuto essa questão no contexto do tratamento de Benhabib à "morte da metafísica".

Seyla Benhabib • Judith Butler • Drucilla Cornell • Nancy Fraser

gênero como "classe" e "estado".[6] Com todo o respeito a Benhabib, todos esses gêneros de historiografia feminista podem ser caracterizados como pós-modernos enquanto se recusar a ser legitimados pelo recurso à filosofia da história. Ainda assim, todos são claramente guiados por um interesse na liberação das mulheres e todos têm resultados emancipatórios. Além disso, até a sua recusa em buscar sua base numa metanarrativa fundacional é motivada por um interesse em emancipação, ou seja, o interesse em evitar o vanguardismo associado às asserções sobre o sujeito e o *télos* da história.

Por essas razões, a posição sustentada por Nicholson e por mim ainda me parece uma versão defensável em teoria e politicamente possível da morte da história. Além disso, é uma versão que completa o objetivo buscado por Benhabib de evitar extremos inatingíveis. Por que, então, ela evita aceitá-la? Talvez ela tema que o interesse feminista na emancipação seja arbitrário e injustificado se não o ancorarmos em uma metanarrativa. Se essa é a verdadeira preocupação de Benhabib, então a questão da morte da história desaba na questão da morte da metafísica.

O tratamento da morte da metafísica por Benhabib revela problemas análogos. Ela rejeita uma versão forte que impediria necessárias críticas sociais como um todo, mas não deseja basear a crítica numa epistemologia fundacionalista. Desse modo, ela é levada a articular uma versão fraca da morte da

---

6 Entre outros exemplos, eu poderia citar Gordon (1988); Carroll Smith-Rosenberg, "The Female World of Love and Ritual: Relations between Women in 19th Century America", *Signs: Journal of Women in Culture and Society*, v.1, n.1, p.1-29, 1975; e Scott (1988).

Debates feministas

metafísica. Ao longo de seu argumento, no entanto, ela desvia desse objetivo e evoca uma série de falsas antíteses. Os passos de seu argumento são os seguintes. Primeiro, Benhabib apoia a posição, partilhada por Rorty, Lyotard, Nicholson e eu, de que não pode haver metadiscurso justificativo que articule o critério de validade para cada discurso de primeira ordem. Em seguida, ela rejeita a alternativa de uma epistemologia naturalizada que simplesmente descreveria práticas existentes de crítica social e desistiria de qualquer asserção normativa. Ela dá a entender que, em algum lugar entre esses extremos, existe uma terceira alternativa que elaboraria uma visão da crítica social *situada* e explicaria sua possibilidade. Infelizmente, Benhabib não desenvolve essa alternativa. Em vez de aprofundar a lógica de seu argumento, ela conclui que a crítica situada não é boa o suficiente e que, assim, não pode haver crítica social sem filosofia.[7]

Por que Benhabib acredita que a crítica social situada não é boa o suficiente? Ela oferece dois argumentos para sustentar sua posição, mas nenhum deles resulta persuasivo. O primeiro é que a crítica situada pressupõe um "injustificado monismo hermenêutico do significado". Ele supõe, em outras palavras, que práticas culturais têm um significado único, consistente, unívoco, que pode ser lido pelo crítico de forma direta e livre de problemas. Mas isso é desmentido pelo fato de que

---

7 A rejeição de Benhabib da crítica social situada é especialmente intrigante à luz de seu apoio a uma teoria do sujeito situado (ver Benhabib, 1992). Seria evidente pensar que os dois andariam juntos, já que não fica claro como um sujeito situado poderia produzir crítica não situada. Eu discuto a questão do sujeito situado abaixo.

101

Seyla Benhabib • Judith Butler • Drucilla Cornell • Nancy Fraser

tradições são contestadas, interpretações entram em conflito e práticas sociais não revelam seus significados abertamente. Em consequência, afirma Benhabib, crítica social sem filosofia é impossível.

Mas é realmente? Tudo depende do que se quer dizer com os termos "crítica situada" e "filosofia". A posição criticada aqui por Benhabib é a de Michael Walzer, e ela está certa ao apontar suas deficiências (Walzer, 1983). O que ela omite é que a posição de Walzer sobre crítica situada não é a única disponível. Outras versões levam em consideração a contestação essencial da cultura e a necessidade de elucidar e reconstruir normas culturais. Mas elas sustentam que práticas de esclarecimento e reconstrução das normas são elas mesmas cultural e historicamente situadas e não podem escapar dessa condição. Assim, nessa chave, tanto a crítica quanto sua autoelucidação são situadas. Além disso, nenhuma delas requer filosofia, se "filosofia" significa um discurso que aspira ser o pensamento fundacionalista definitivo. Na verdade, a autoelucidação da crítica social não precisa tomar a forma de uma reflexão conceitual geral, exercida fora da investigação histórica, legal, cultural e sociológica.[8] Ela também pode tomar a forma da narrativa histórica contextualizante que estabelece normas em genealo-

---

8 Como o faz no caso de John Rawls, por exemplo. Rawls oferece um bom exemplo de um caminho que retém um alto nível de generalidade e abstração conceitual mesmo quando reconhece a sua própria condição situada. Assim, ele interpretou sua teoria geral sobre a justiça como uma tentativa de buscar "equilíbrio reflexivo". Ver John Rawls, "Kantian Constructivism in Moral Theory", *The Journal of Philosophy*, v.77, n.9, set. 1980.

Debates feministas

gia e, assim, as situa mais precisamente.[9] Por fim, vale a pena notar que a crítica situada não impede asserções gerais ou uso de normas gerais; apenas exige que elas também sejam vistas como situadas. Assim, por uma variedade de razões, a primeira objeção de Benhabib à crítica situada erra o alvo.

Vou responder mais rapidamente à segunda objeção de Benhabib. Ela sustenta que a crítica situada não pode ser usada para casos nos quais uma cultura ou sociedade está tão mal que o crítico social é levado ao exílio (literal ou metaforicamente). Essa objeção não é persuasiva, no entanto, pois não é um verdadeiro contraexemplo. Quando o crítico exilado deixa seu país, ele não parte sem bagagem alguma; ele parte, ao contrário, como um crítico culturalmente formado e culturalmente situado. Essa era a situação dos exilados do Terceiro Reich, provavelmente a pior sociedade na história da humanidade. Também era, até havia pouco, a situação dos membros exilados do Congresso Nacional Africano, que deixaram a África do Sul, mas levaram com eles uma complexa cultura de resistência que incluía elementos de marxismo, teoria democrática, cris-

---

9 Minha própria posição é que contextualizar a narrativa histórica é frequentemente mais útil do que a análise conceitual abstrata. Na medida em que a reflexão conceitual "pura", sem mancha de conteúdo empírico, ocupa-se de justificar princípios de, digamos, democracia e igualdade, ela lida com abstrações relativamente incontroversas e evita as questões difíceis sobre como aplicar tais princípios na vida social. *Essas* questões são tratadas de maneira mais satisfatória por meio de esforços interdisciplinares "impuros" que integram considerações normativas e empíricas. Mas esse tipo de reflexão combinada empírico-normativa não é claramente separado da crítica social de primeira ordem; ele é a imanente autoelucidação desta última.

Seyla Benhabib • Judith Butler • Drucilla Cornell • Nancy Fraser

tianismo e valores africanos. Até mesmo o exilado solitário é membro de uma comunidade da imaginação e, assim, também um crítico situado.

Dessa forma, permaneço convencida de que a crítica social sem filosofia *é* possível, se o que entendemos por filosofia é o que eu e Linda Nicholson definimos, ou seja, um discurso a-histórico, transcendental, que afirma articular os critérios de validade para todos os outros discursos. Nada nessa posição impede que o crítico feminista situado seja um crítico radical, nem que ele se engaje em autoelucidação crítica. Assim, o que Benhabib considerou ideias irreconciliáveis são, na verdade, reconciliáveis.

De modo geral, Benhabib polarizou desnecessariamente o debate ao estabelecer um conjunto de falsas antíteses: antifundacionalismo *versus* engajamento político, crítica situada *versus* autorreflexão crítica, crítica situada *versus* oposição radical à própria sociedade. Consequentemente, ela construiu um cenário no qual precisa rejeitar por completo o pós-estruturalismo se quiser defender a Teoria Crítica. No entanto, como a total rejeição das ideias pós-estruturalistas não é em tese defensável ou politicamente razoável, o resultado é provocar uma resposta pós-estruturalista também unilateral que põe em risco as observações da Teoria Crítica.

Isso me leva ao ensaio de Judith Butler, que propõe um argumento desnecessariamente polarizado no sentido oposto. O ensaio de Butler é provocador, demonstrando seu talento característico para a insubordinação. Procurando refutar a frequente alegação aventada de que o pós-modernismo é politicamente incapacitante para o feminismo, ela questiona a existência do pós-modernismo como algo mais do que a imaginação febril

104

Debates feministas

da paranoia fundacionalista. Assim, ela vira o jogo frente a seus antagonistas, sugerindo que eles criaram uma falácia de modo a conseguir apoio para um projeto fundacionalista decadente e insustentável. Ela alega que, longe de enfraquecer os compromissos feministas, as visões pós-estruturalistas de subjetividade, identidade e agência humana as facilitam e promovem. Como Benhabib, Butler procura desagregar as asserções analiticamente distintas que tão frequentemente são colocadas juntas sob as etiquetas "pós-modernismo" e "pós-estruturalismo". Assim, ainda que ela mesma não use esses termos, também pode-se depreender que ela diferencia as versões fracas e fortes de tais asserções de modo a defender um feminismo pós--estruturalista que escapa às objeções dos críticos. Butler está especialmente interessada em contrariar a alegação, apoiada por Benhabib, de que a visão pós-estruturalista do sujeito enfraquece o feminismo ao tornar inconcebível que qualquer um possa criticar, resistir ou agir para mudar a sua sociedade. Essa objeção vai ainda mais longe por sustentar que, mesmo que a teoria pós-estruturalista pudesse explicar a agência individual, seu insistente nominalismo e antiessencialismo esvaziariam e deslegitimariam a categoria "mulheres", enfraquecendo assim a base da solidariedade feminina e dos movimentos feministas.

Ao procurar contestar essas objeções, Butler oferece ao mesmo tempo uma tréplica à discussão de Benhabib sobre "a morte do homem". Lembrem que Benhabib diferenciou duas interpretações dessa tese: uma versão fraca, que sustenta que o sujeito é situado em relação a um contexto social, cultural e discursivo; e uma versão forte, que postula que o sujeito é meramente outra posição na linguagem. Benhabib argumentou

Seyla Benhabib • Judith Butler • Drucilla Cornell • Nancy Fraser

que apenas a versão fraca é compatível com o feminismo. Em referência direta ao livro de Butler de 1990, Benhabib pergunta: se não somos mais do que a soma total de performances de gênero, como será possível reescrever o roteiro?[10] O ensaio de Butler pode ser lido como uma longa resposta a essa questão. Ela procura mostrar como um sujeito que está "meramente" numa posição discursiva pode, de fato, reescrever o roteiro.

Para deixar claro o que está em jogo nessa discussão, vou diferenciar e tratar separadamente duas espécies de alegações – ontológica e normativa – que se misturam no argumento de Butler. Começo com a ontológica. Em seu ensaio, Butler elabora uma ontologia pós-estruturalista do sujeito. Ela alega, discordando de Benhabib, que não basta ver o sujeito como *situado* vis-à-vis a um cenário ou contexto que é externo a ele. Em vez disso, deveríamos ver o sujeito como *constituído* em, e através de, formações de poder/discurso. Consequentemente, não existe estrutura de subjetividade que já não seja sempre resultado de uma matriz de poder/discurso; não existe "reflexibilidade ontologicamente intacta", não há reflexibilidade que não seja ela própria culturalmente construída.

Fica claro no ensaio de Butler que ela também acredita que as pessoas têm o que eu chamaria de "capacidades críticas"; não somos marionetes pré-programadas e podemos nos engajar em ações novas e modificar condições sociais. Assim, parece-me que o que ela quer dizer aqui é que as capacidades críticas são culturalmente construídas. Se for isso, uma maneira de focar seu debate com Benhabib é em torno desta questão – de onde

---

10 Referente ao livro de Butler (1990), que elabora uma teoria performativa de gênero.

Debates feministas

vêm as capacidades críticas? Butler sugere que críticos do pós-estruturalismo como Benhabib tratam as capacidades críticas como estruturas de subjetividade a princípio ontológicas, "ontologicamente intactas", em oposição às culturalmente construídas. O ensaio de Benhabib não fala desse assunto e não estou segura que ela realmente tenha essa opinião.[11] De todo modo, não há razão para que teóricas feministas a tenham. Pelo contrário, é perfeitamente possível analisar a construção cultural das capacidades críticas. Assim, em princípio, nada impede que sujeitos sejam *tanto* construídos culturalmente *quanto* capazes de crítica.

Suponha, então, que deixemos de lado a questão: de onde vêm as capacidades críticas no passado? Suponha que, em vez disso, perguntemos: como elas são no presente? E como melhor caracterizar seu caminho em direção ao futuro, os modos nos quais elas apontem para além de suas matrizes de constituição? Aqui é importante notar que o estilo de Butler privilegia as metáforas linguísticas. Ela caracteriza o sujeito como "terreno de ressignificação" e uma "possibilidade permanente de um certo processo de ressignificação". Essa é sua maneira de dizer que o sujeito culturalmente construído pode reescrever o roteiro. Assim, embora o sujeito seja ele próprio produto de processos significantes prévios, ele é capaz de *re*ssignificação. Além disso,

---

11 Benhabib certamente rejeita o sujeito autoautorizante da razão instrumental, que Butler evoca em sua discussão sobre o militarismo americano e a Guerra do Golfo. Sobre esse ponto, não há discórdia entre elas. Nem Butler nem Benhabib defendem uma teoria do sujeito autoautorizante que possa dominar totalmente o seu meio. Ambas concordam que isso é uma "fantasia da autogênese" masculina predicada numa negação ou repressão da dependência "feminina".

Seyla Benhabib • Judith Butler • Drucilla Cornell • Nancy Fraser

conforme Butler, o sujeito enquanto terreno de ressignificação representa "a própria possibilidade de retrabalhar o poder". Gostaria de fazer duas observações sobre a linguagem de Butler. Primeiro, ela é profundamente anti-humanista. Aquilo a que me refiro como "capacidades das pessoas" ela descreve como "possibilidade própria do poder" e como um impessoal "processo significante". Suficientemente distante daquela que usamos no cotidiano para falar e pensar sobre nós mesmos, a linguagem de Butler merece uma justificativa. Por que deveríamos usar uma linguagem tão distanciadora? Quais são as suas vantagens (e desvantagens) teóricas? Qual o seu provável impacto político? Sem dar atenção a essas questões, o ensaio de Butler às vezes projeta uma aura de esoterismo que não é redimido por nenhum ganho evidente.

Em segundo lugar, o uso que ela faz do termo "ressignificação" carrega uma carga positiva forte, ainda que implícita. Nesse sentido, "ressignificação" funciona no discurso dela como "crítica" tem funcionado no meu. Mas, em outro sentido, os dois termos diferem por completo. "Crítica" está logicamente conectado aos conceitos de autoridade e justificação, de modo que suas conotações positivas se enraízam numa asserção de validade. Esse não é o caso, no entanto, com "ressignificação". Como o termo de Butler não carrega nenhuma implicação de validade ou autoridade, suas conotações positivas são intrigantes. Por que ressignificação é positiva? Não poderia haver ressignificações ruins (opressoras, reacionárias)? Ao optar por uma "ressignificação" epistemologicamente neutra, em oposição a uma "crítica" epistemologicamente positiva, Butler parece valorizar a mudança como um fim em si, desempoderando, assim, o julgamento feminista.

Debates feministas

Isso me leva ao segundo conjunto de asserções implícitas na narrativa pós-estrutural de Butler sobre a subjetividade – asserções normativas, ao contrário de ontológicas. Essas asserções surgem, primeiro, em relação às práticas sociais por meio das quais os sujeitos são constituídos. Aqui, Butler segue Foucault ao afirmar que as práticas de subjetivação são também práticas de sujeição. Como ele, ela insiste que os sujeitos são constituídos por meio da exclusão; algumas pessoas são autorizadas a falar com autoridade porque outras são silenciadas. Assim, na visão de Butler, a constituição de uma classe de sujeitos autorizados resulta "na criação de um terreno de sujeitos desautorizados, pré-sujeitos, figuras de abjeção, populações apagadas de vista".

Mas será realmente que ninguém pode se tornar um sujeito do discurso sem que outros sejam silenciados? Não existem contraexemplos? Onde tais exclusões existem, elas são todas ruins? Elas são todas igualmente ruins? Podemos distinguir entre exclusões legítimas e ilegítimas, de piores a melhores práticas de sujeição? O jogo sujeito-autorização é implicitamente um jogo de soma zero? Ou só se torna isso em sociedades opressivas? Podemos superar ou, pelo menos, melhorar as assimetrias nas práticas atuais de subjetivação? Podemos construir práticas, instituições e formas de vida nas quais o empoderamento de alguns não acarrete o desempoderamento de outros? Se não, qual a razão da luta feminista?

Butler não oferece nenhuma contribuição sobre essas questões. Creio que ela nem poderia, enquanto não integrar considerações crítico-teóricas em sua moldura foucaultiana pós-estruturalista. Essa moldura, como já disse, é estruturalmente incapaz de fornecer respostas satisfatórias às questões

Seyla Benhabib • Judith Butler • Drucilla Cornell • Nancy Fraser

normativas que ela infalivelmente provoca.[12] Assim, ela precisa de modificação e suplementação para se adequar totalmente ao projeto feminista.

Além de suas asserções sobre as práticas sociais de subjetivação, Butler também faz alegações normativas sobre os relativos méritos de diferentes *teorias* da subjetividade. Ela afirma que algumas dessas teorias são "politicamente insidiosas", enquanto outras são progressistas ou emancipatórias. Do lado insidioso está a visão da subjetividade como detentora de uma reflexividade ontologicamente intacta que não é resultado de processos culturais de subjetivação. Essa visão, de acordo com Butler, é um "artifício do poder" e um "instrumento de imperialismo cultural".

Será mesmo? Não se pode negar que teorias fundacionalistas de subjetividade funcionam frequentemente como instrumentos de imperialismo cultural. Mas isso é resultado da necessidade conceitual ou de contingência histórica? Na verdade, há casos nos quais essas teorias tiveram resultados emancipatórios – como na Revolução Francesa e na apropriação de sua visão fundacionalista da subjetividade pelo "Jacobino Negro" haitiano Toussaint de L'Ouverture (James, 1938). Esses exemplos mostram que não é possível deduzir uma única, unívoca valência da teoria da subjetividade. Tais teorias são também excertos de discurso cultural cujos sentidos estão sujeitos à "ressignificação".[13]

---

12 Nancy Fraser, "Foucault on Modern Power: Empiral Insights and Normative Confusions", *Praxis International*, v.1, n.3, p.272-287, out. 1981, reimpressa em Fraser (1989).

13 Desenvolvo uma versão mais extensa desse argumento em "Foucault's Body Language: a Post-Humanist Political Rhetoric?" (em Fraser, 1989).

Debates feministas

Como, então, podemos resolver a disputa Benhabib-Butler sobre a "morte do homem"? Concluo que Butler está correta ao sustentar que um sujeito culturalmente construído também pode ser um sujeito crítico, mas que os termos com que ela formula sua posição dão margem a dificuldades. Especificamente, "ressignificação" não é um substituto adequado para "crítica", já que ele entrega o momento normativo. Do mesmo modo, a visão de que a subjetivação necessariamente leva à subjeção impede distinções normativas entre melhores e piores práticas subjetivas. Por fim, a visão das teorias fundacionalistas de subjetividade como inerentemente opressivas não é confirmada em termos históricos, e é conceitualmente incompatível com uma teoria do significado contextualista. A conclusão, então, é que as feministas precisam desenvolver uma conceitualização alternativa do sujeito, que integre a ênfase pós-estruturalista de Butler na construção com a insistência crítico-teórica de Benhabib na crítica.

Comentarei brevemente a discussão de Butler sobre o problema das "mulheres" na teoria feminista. Ela explica os processos pelos quais as descrições de mulheres por feministas americanas funcionam ocultamente como prescrições, provocando, assim, protestos e facciosidade dentro do movimento. Butler sustenta que esses processos exemplificam uma lógica inescapável. Por um lado, os movimentos feministas não podem evitar fazer reivindicações em nome das "mulheres"; por outro, a categoria "mulheres" que se constrói a partir dessas reivindicações é necessariamente sujeita à desconstrução contínua. Butler conclui que as feministas deviam encarar essa dialética não como um desastre político, mas como um recurso político. Deveríamos dar valor ao fato de que "mulheres" "designa um campo indefinível

Seyla Benhabib • *Judith Butler* • *Drucilla Cornell* • *Nancy Fraser*

de diferenças... que não podem ser totalizadas ou sumarizadas por uma categoria de identidade descritiva."[14]

Como entender essa discussão? Em grande parte, acho a narrativa de Butler esclarecedora e apta. Ela me convenceu com sua afirmação de que as tendências autodestrutivas dentro do feminismo são endêmicas a movimentos de identidade e não podem ser eliminadas por decreto. Mas não estou convencida dos méritos de sua conclusão. A ideia de "mulheres" ou "mulher" como signo de um campo não totalizável de diferenças é suscetível a duas interpretações: uma, forte e indefensável; a outra, fraca e desinteressante. A tese forte é aquela associada à teoria feminista francesa, segundo a qual "mulher" não pode ser definido, significando diferença e não identidade. Essa é, claro, uma alegação paradoxal, pois fazer de "mulher" o signo do indefinível é precisamente, por meio disso, defini-lo. Ademais, essa (anti)definição é intrigante. Por que "mulher" ou "mulheres" deveria ser o signo do não idêntico? Tudo o que Butler diz sobre "mulheres" não será igualmente verdadeiro para "homens", "trabalhadores", "pessoas de cor", "chicanos" ou qualquer outra nominação coletiva? Não há relação privilegiada entre a apelação "mulheres" e o que é de fato o problema político geral de como construir culturas de solidariedade que não sejam homogeneizantes e repressivas.[15]

---

14 Aqui Butler parece próxima à tentativa de Theodor Adorno de articular um modo de pensamento não identitário, apesar de não partilhar seu foco em reconciliação (ver Adorno, 1973).

15 Para uma discussão crítica das teorias de feministas francesas sobre "mulher" como signo de não identidade, ver "The Uses and Abuses of French Discourse Theories for Feminist Politics" (Fraser; Bartky, 1992). Ver também minha "Introdução" àquele volume.

Debates feministas

Uma interpretação mais defensável da sugestão de Butler seguiria a visão de Fraser-Nicholson discutida anteriormente. De acordo com essa visão, asserções gerais sobre "mulheres" são inescapáveis, mas sempre sujeitas à revisão; elas deveriam ser defendidas de maneira não fundacional e falibilística. Ademais, as suposições nas quais se baseiam tais asserções deveriam ser postas em genealogia, enquadradas pela narrativa contextualizante e apresentadas de modo cultural e historicamente específico.[16] Ainda que essa interpretação da asserção de Butler seja defensável, ela ainda não trata do problema político subjacente. Esse problema, dissimulado na discussão de Butler, questiona a existência ou não de conflitos reais de interesse entre mulheres de diferentes classes, etnicidades, nacionalidades e orientações sexuais, conflitos tão intratáveis que se tornam impossíveis de harmonizar, ou mesmo conduzir com habilidade, dentro dos movimentos feministas. Certamente *há* conflitos quando interesses são definidos em relação a formas atuais de organização social; um exemplo é o choque de interesses entre mulheres brancas profissionais de classe média do Primeiro Mundo e as mulheres negras do Terceiro Mundo que elas contratam como empregadas domésticas. Diante desse tipo de conflito, a conversa celebratória, sem crítica, sobre as "diferenças" das mulheres é uma mistificação. A questão séria que os movimentos feministas precisam encarar é aquela que a proposta de Butler omite: será que "nós" podemos prever novos arranjos sociais que harmonizariam conflitos atuais? Se sim, será que "nós" podemos articular "nossa" visão em termos que sejam suficien-

---

16 Esse ponto é elaborado em Fraser e Nicholson, "Social Criticism Without Philosophy", op. cit.

Seyla Benhabib • Judith Butler • Drucilla Cornell • Nancy Fraser

temente convincentes para persuadirem outras mulheres – e homens – a reinterpretar seus interesses?

O ensaio de Butler ignora essas questões, eu acho, em vista da inadequação da sua premissa de liberação. A um nível mais profundo, ela entende a liberação das mulheres como liberação *da* identidade, já que encara a identidade como inerentemente opressiva. Por consequência, a crítica desconstrutiva – a crítica que desreifica ou descongela a identidade – é o modo privilegiado de teoria feminista, enquanto a crítica normativa, reconstrutiva, é normalizadora e opressiva. Mas essa posição é por demais unilateral para encampar todas as necessidades de uma política liberadora. As feministas *precisam* fazer julgamentos normativos e oferecer alternativas emancipadoras. Nós não somos pelo "vale tudo". Ademais, pode-se dizer que a atual proliferação de imagens e significações fungíveis, consumíveis, que desreificam a identidade, constitui uma ameaça tão grande à liberação das mulheres quanto identidades fixas e fundamentalistas. Na verdade, processos de desreificação e reificação são dois lados da mesma moeda pós-fordista. Eles exigem uma resposta bilateral. As feministas precisam de construção *e* desconstrução, desestabilização do significado *e* projeção de esperança utópica.

Concluo que Butler também gerou uma série de falsas antíteses: identidade *versus* diferença, subjetivação *versus* reciprocidade, desreificação *versus* crítica normativa, desconstrução *versus* construção. Ela também polarizou desnecessariamente o debate ao insinuar que as feministas enfrentam uma escolha única entre a Teoria Crítica e o pós-estruturalismo.

É uma pena que Benhabib e Butler achem causa comum, finalmente, ao apoiar uma falsa antítese entre Teoria Crítica

Debates feministas

e pós-estruturalismo. Ao enquadrarem seu debate em termos tão dicotômicos, elas perdem a oportunidade de tentar um outro caminho, mais promissor. Sugeri que, em vez de aceitar que devemos escolher entre esses dois caminhos, poderíamos reformular as asserções de cada um de modo a torná-los mutuamente compatíveis. Assim, em vez de nos agarrarmos a uma série de falsas antíteses que reforçam uma à outra, poderíamos conceber a subjetividade como dotada de capacidades críticas *e* culturalmente construída. Do mesmo modo, poderíamos ver a crítica como, ao mesmo tempo situada *e* receptiva à autorreflexão, como potencialmente radical e sujeita a autorizações. Da mesma forma, poderíamos apresentar uma relação à história que fosse em paralelo antifundacionalista *e* politicamente engajada, ao mesmo tempo que promove um campo de múltiplas historiografias que seja contextualizada *e* provisionalmente totalizadora. Por fim, podemos desenvolver uma visão das identidades coletivas como simultaneamente construída *e* complexa, permitindo a ação coletiva e sujeita à mistificação, necessitada de desconstrução *e* reconstrução. Em suma, poderíamos tentar desenvolver novos paradigmas de teoria feminista que integrem as observações da Teoria Crítica com as do pós-estruturalismo. Tais paradigmas engendrariam importantes ganhos intelectuais e políticos e descartariam de vez as falsas antíteses dos nossos debates atuais.

4
O que é feminismo ético?

Drucilla Cornell

I. Introdução

Meu propósito, neste ensaio, é sumarizar o que quero dizer com feminismo ético. Procederei da seguinte forma: primeiro, vou definir o sentido com que uso a palavra "ética" no contexto do feminismo. Em segundo lugar, vou especificar meu uso da psicanálise, particularmente por que me baseio em alguns conceitos-chave da estrutura psicanalítica elaborada por Jacques Lacan, que também critico e reelaboro. Como espero demonstrar, essa reelaboração é inspirada por um propósito feminista. Há uma necessidade teórica de entender como as construções simbólicas que conhecemos como Mulher são inseparáveis do modo com que fantasias de feminilidade são inconscientemente "coloridas" e imaginadas dentro das limitações da hierarquia de gênero e das normas da assim chamada heterossexualidade. Escrevo "assim chamada" porque é crucial à minha crítica da hierarquia de gênero que esta restrinja a elaboração do feminino dentro da diferença sexual por sua redução àquilo que não é homem. Um aspecto crucial do feminismo ético é que ele alar-

Seyla Benhabib • Judith Butler • Drucilla Cornell • Nancy Fraser

gue continuamente o espaço no qual possamos tanto escrever quanto falar da rica e multifacetada sexualidade de uma criatura que luta para obter individuação das limitações impostas pela hierarquia de gênero e da rígida identidade de gênero. Tal criatura se manteria como outro, o *heteros* para um sistema de hierarquia de gêneros que impede o processo e a luta por individuação. A estrutura da psicanálise que uso contesta outros caminhos psicanalíticos, assim como sociológicos e históricos, que investigam gênero separadamente de raça, classe, nacionalidade e heterossexualidade sancionada. Tais caminhos com frequência não conseguem lidar com a infecção de estereótipos raciais e sexuais nas definições de feminilidade que, de modo inconsciente, informam as questões que são colocadas em investigações sociocientíficas e recomendações políticas.[1] En-

---

1 Quero enfatizar que o que escrevi não nega de forma alguma a importância da investigação sociocientífica. Mas exige que tais investigações sejam conduzidas com cuidadosa atenção em relação a como as construções simbólicas do que conhecemos como feminilidade são "coloridas". Por exemplo, M. Patricia Fernández-Kelly argumentou que algumas recomendações políticas propositadamente baseadas na realidade da alta taxa de gravidez adolescente entre mulheres afro-americanas não entendem o fenômeno que afirmam conhecer. Em seu estudo sutil, Kelly afirma que o problema não pode ser solucionado com a distribuição fácil de anticoncepcionais a adolescentes afro-americanas. Ela demonstra que, implícita em muitos dos estudos que sustentam tais recomendações, existe a suposição de que seja real o estereótipo da mulher negra licenciosa. A suposição inconsciente de que, por elas serem "selvagens", a sexualidade das mulheres negras não pode ser controlada, e só o que se pode fazer é tentar controlar as consequências, não é apenas um estereótipo racista, mas também impede recomendações políticas sérias e sensatas. Por outro lado, a autora oferece uma análise original do que eu chamaria de motivação psíquica das adolescentes

Debates feministas

quanto feministas, precisamos investigar a complexa interação entre fantasias da Mulher e a opressão material das mulheres. Uma tal investigação exigiria que abríssemos o significado de referencialidade. Eu nunca negaria que "existem" mulheres e que aquelas entre nós que são assim designadas sofrem enquan-

---

afro-americanas que desafia a verdade da imaginada mulher negra selvagem. Kelly argumenta que, devido às desvantagens, ligadas à raça e à classe, que negam oportunidades de mercado e possibilidades de sucesso pessoal, mulheres afro-americanas escolhem a sexualidade e a maternidade como indicadores cruciais na transição ritualística para a idade adulta. Se deixamos de entender esse ritual, fracassaremos na tentativa de responder adequadamente ao problema da gravidez adolescente, colocando-nos igualmente como cúmplices na perpetuação de estereótipos raciais e sexuais. Ver "Rethinking Citizenship in the Global Village: Immigrants and the Underclass", um ensaio apresentado na conferência "Figuring Feminism at the Fin de Siecle" (Scripps College, Claremont, 1993), arquivo com a autora. Em seu ensaio sobre mulheres afro-americanas e a aids, Evelynn M. Hammonds demonstra como o sofrimento de mulheres com essa doença foi em parte apagado pela licenciosidade e pela irresponsabilidade imaginárias de mulheres afro-americanas. Assim como com adolescentes, a solução é "higiene social". Hammonds argumenta que a fantasia da degeneração tem uma história antiga no discurso médico público sobre a sexualidade de mulheres afro-americanas. Hammonds diz ainda que, porque de modo muito profundo as mulheres negras não são imaginadas como "apresentáveis", elas têm sido, inconsciente e semiconscientemente, rejeitadas como símbolos da mídia para o sofrimento das vítimas da aids. Ver "Invisibility/Exposure: Black Women, Black Feminism and AIDS", também incluído na conferência "Figuring Feminism at the Fin de Siecle" (Scripps College, Claremont, 1993), arquivo com a autora. Em cada um desses casos, se o investigador não consegue entender como as fantasias sobre a mulher negra informam o que toma por realidade, ele ou ela irão confundir as projeções da sua própria imaginação com o assim chamado mundo real.

Seyla Benhabib • Judith Butler • Drucilla Cornell • Nancy Fraser

to mulheres, como objetos do estupro e do abuso sexual e como vítimas da discriminação econômica. Mas, se pretendemos entender a realidade dessa opressão, teremos de alterar nossa concepção do significado de referencialidade. A psicanálise pode ajudar a promover essa alteração ao nos oferecer instrumentos analíticos que permitem uma crítica da maneira pela qual a realidade social é engendrada por fantasias inconscientes.

Também vou abordar a importância da minha compreensão do limite de qualquer sistema de significado, incluindo uma teoria da justiça e da identidade de gênero[2] que tenta justifi-

---

2 É importante observar que eu não rejeito, de maneira alguma, a importância da elaboração dos princípios de justiça. Meu único desacordo é que tais princípios não poderiam jamais ser filosoficamente justificados no sentido kantiano forte de justificação. Assim, de fato discordo que exista uma concepção universalista do certo como a que Jürgen Habermas tenta localizar nas pragmáticas universais da comunicação. Existe a crítica especificamente feminista de qualquer teoria pura do certo: que ela não pode tratar questões de sexualidade como pornografia e assédio sexual como problemas de direito porque são questões "substantivas". Os dois mais reconhecidos princípios da justiça com jurisprudência analítica são o princípio da liberdade e o princípio da diferença, elaborados e defendidos por Rawls (1971). Também há dificuldade em expandir os princípios de Rawls às questões de sexualidade que acabei de mencionar, incluindo também o direito ao aborto. Essa dificuldade é inerente na prioridade do princípio de liberdade e na concepção de liberdade que Rawls aceita. Esses aspectos deveriam ser tratados como questões de liberdade, e não de desigualdade econômica. Assim, até mesmo a melhor tentativa feminista de estender a teoria de Rawls para tratar questões de gênero foi mal encaminhada em seu esforço de proceder com uma análise da implicação do princípio da diferença para questões de gênero. Ver, por exemplo, Okin (1999). Mas há maior flexibilidade na conceitualização geral de justiça de Rawls do que

Debates feministas

car-se por completo e que determina o que pode ser realisticamente imaginado.[3] Foi Wittgenstein que mostrou, de maneira incansável e brilhante, que o significado só está limitado a

em uma teoria procedural, em razão de sua ênfase no autorrespeito e nos efeitos deletérios no bem-estar de uma pessoa que sofre uma vergonha imposta pela sociedade. A vergonha expressa na obrigação de manter sua sexualidade no armário seria um exemplo clássico de vergonha sexual imposta. Assim, deveríamos usar a preocupação com a vergonha e o autorrespeito para expandir o princípio de liberdade de modo a incluir o que chamei de condições mínimas de individualização. Expandir a teoria de justiça de Rawls desse modo é indubitavelmente estranho, ainda que eu argumente que possa ser feito (ver Cornell, 1995).

A razão para a estranheza é que a teoria da justiça de Rawls foi desenvolvida para tratar de questões de classe, e não de sexo. Assim, argumento que precisamos de uma teoria da justiça particularmente moldada ao "sexo". A necessidade de expandir até mesmo a teoria da justiça mais elegantemente defendida mostra os limites de uma concepção universal forte do certo se tais teorias alegarem ser a última palavra sobre o que constitui o certo. Mas, ao menos, quando Rawls defendeu sua teoria da justiça com base no equilíbrio reflexivo, ele não afirmou que oferecia uma teoria do certo no sentido kantiano forte. Ver John Rawls, "The Domain of the Political Overlapping Consensus", *New York University Law Review*, v.64, n.2, p.233, 1989. Assim, é filosoficamente consistente na defesa de sua teoria com base no equilíbrio reflexivo argumentar que precisamos desenvolver uma estrutura mais expansiva de justiça para tratar adequadamente das questões de sexualidade como problema do direito. A própria necessidade dessa inclusão mostra a importância prática de sempre persistir com o que pode constituir o direito e manter aberta a concepção das pessoas na qual se baseia o direito, de modo que possamos contestar e expandir direitos disponíveis.

3 Coloco a palavra "civilização" entre aspas para chamar atenção ao modo com que definições de civilização carregam muitos preconceitos culturais. Um exemplo clássico de como nossos preconceitos

Seyla Benhabib • Judith Butler • Drucilla Cornell • Nancy Fraser

uma forma de vida e que esses limites podem ser afrouxados enquanto lutamos contra as restrições da convenção, expandimos nossa sensibilidade e reimaginamos nossa forma de vida.[4] A observação wittgensteiniana de que os limites da linguagem são os de nosso mundo tem sido com frequência mal interpretada como uma barreira à imaginação, pois entende-se que esse limite garante o significado e, assim, nos oferece o mundo que conhecemos como "nosso".[5] Na verdade, a linguagem enquanto limite recua quando tentamos filosoficamente defendê-la

---

entram clandestinamente em nossas definições de civilização pode ser achado na luta de Sigmund Freud para esclarecer o que "nós" queremos dizer com civilização:

> Exigimos que o homem civilizado reverencie a beleza onde quer que ele a veja na natureza e que a crie nos objetos de seu trabalho tanto quanto for capaz. Mas isso está longe de exaurir nossas exigências da civilização. Esperamos, além disso, ver sinais de limpeza e ordem. Não teremos uma opinião favorável do nível cultural de uma cidade do interior da Inglaterra nos tempos de Shakespeare ao ler que havia uma pilha de esterco na frente da casa de seu pai, em Stratford; ficamos indignados e chamamos de "bárbaro" (que é o oposto de civilizado) quando encontramos trilhas nos bosques de Viena cheias de papel. Sujeira de qualquer tipo nos parece incompatível com a civilização (Freud, 1989).

4 Ver, de modo geral, Wittgenstein (1968).

5 Eu critico Stanley Fish (1993) por cometer esse erro em sua leitura de Wittgenstein. Este também não deveria ser interpretado de maneira simplista como um relativista, se entendido que o relativismo implica que podemos conscientemente conhecer o mundo como existindo para nós. Diante de uma bola verde, só com muita dificuldade conseguiremos (se conseguirmos) enxergá-la como qualquer outra coisa além de uma bola verde. A concordância na forma de vida é constitutiva da realidade objetiva. Assim, Wittgenstein não é um convencionalista ou um relativista, pelo menos como esses termos têm sido tradicionalmente definidos, mas, ao contrário, um

Debates feministas

como uma delimitação que pode ser conhecida. A observação central de Wittgeinstein foi demonstrar o paradoxo inerente na operação de nossa linguagem como um limite; um limite

desafiador da divisão realista/convencionalista. Filosoficamente falando, não há razão pela qual não possamos repensar nossa forma de vida, mas é obviamente muito difícil fazê-lo. Considere como é difícil "para nós" até imaginar criaturas que não são "sexuadas" dentro dos limites da identidade de gênero. Por outro lado, em seu extraordinário romance *The Left Hand of Darkness*, Ursula K. Le Guin pratica exatamente esse esforço imaginativo e nos conta uma história de humanos que não são "sexuados" dentro da dicotomia de homem e mulher. Ainda assim, o terráqueo, pelo menos no início de sua estada, não pode deixar de ver esses humanos como "sexuados" de modo diferente porque sua forma de vida não conhece gênero como homem ou mulher. Le Guin descreve muito bem a luta para adotar uma outra forma de vida, de modo a ver o mundo de "seres sexuados" diferentemente:

Apesar de já estar há quase dois anos em inverno, eu ainda estava longe de ver as pessoas do planeta através de seus olhos. Eu tentava, mas meus esforços tomavam a forma constrangedora, ver um getheniano primeiro como homem, depois como mulher, forçando-o nessas duas categorias tão irrelevantes para sua natureza e tão essenciais para a minha. Assim, enquanto bebericava minha cerveja amarga, pensei que a performance de Estraven na mesa tinha sido feminina, cheia de charme, tato e falta de substância, capciosa e hábil. Seria na verdade essa feminilidade macia e sutil o que me desagradava e me fazia desconfiar dele? Pois era impossível pensar nele como uma mulher, aquela presença escura e irônica perto de mim na escuridão da fogueira e, ainda assim, quando eu pensava nele como um homem eu tinha uma sensação de falsidade, de impostura: nele, ou em minha própria atitude frente a ele? Sua voz era macia e bem ressoante, mas não muito grave, não parecia uma voz de homem, mas também não parecia uma voz de mulher... mas era o que via? (Le Guin, 1969, p.12)

123

Seyla Benhabib • Judith Butler • Drucilla Cornell • Nancy Fraser

que nos dá o nosso mundo e que, ao mesmo tempo, evita que fiquemos prisioneiros dele. De dentro de uma tradição muito diferente, Jacques Derrida faz uma demonstração similar, mas com a tematização explícita do reconhecimento de que tentativas de reinscrever o limite como uma barreira são informadas por metáforas fálicas.[6] Desse modo, ele descreve tais esforços como falogocentrismo. Somos, assim, levados de volta à importância da psicanálise como instrumento analítico e crítico que revela as leis do simbólico masculino como base para a defesa filosófica do limite da linguagem.

Já argumentei que é um erro sério identificar o que ficou conhecido como desconstrução com irracionalismo.[7] Da mesma forma, não acho a palavra "pós-modernismo" útil para nos ajudar a entender o que está em risco nos debates filosóficos recentes (Ibid., p.62-90). De fato, o processo de rotulagem serviu de *pharmakon*,[8] tanto "curando" quanto "envenenando" nossas mentes ao fechá-las às importantes questões éticas e políticas que são levantadas ao repensarmos o significado do limite da ordem simbólica, do mundo estruturado não apenas por significado convencional, mas também pelas fantasias que dão corpo e peso à nossa forma de vida. A aliança feminista com esse projeto filosófico nos faz irmos além de nosso sistema atual de identidade de gênero, além dos preceitos restritivos que podemos facilmente aceitar sem questionamentos como a

---

6 Ver, de modo geral, Derrida (1982).
7 Ver Cornell (1992b, p.1-12).
8 Ver o capítulo "Plato's Pharmakon" em Derrida (1981).

Debates feministas

base necessária para a civilização e o inevitável confinamento à natureza do "homem".[9] Assim, central ao debate apresentado neste livro é o lugar tanto da imaginação quanto daquilo que é tradicionalmente entendido como a estética nas políticas feministas. Já argumentei que o feminismo envolve um gesto apotropaico contra o apagamento incessante da diversificação e da diferenciação do feminino dentro da distinção sexual e dentro das representações culturais.[10] Agora quero enfatizar que esse gesto apotropaico é crucial para as batalhas cotidianas do feminismo.[11] A luta para ressimbolizar o feminino dentro da diferença sexual

---

9 Para Freud, os preceitos da identidade de gênero na forma de leis regulando comportamento sexual e, mais geralmente, a conduta de "homens" em suas relações sociais são cruciais para a manutenção da civilização:

> O último, mas certamente não menos importante, dos aspectos característicos da civilização ainda deve ser avaliado: a maneira com que o relacionamento dos homens uns com os outros, suas relações sociais, são relações reguladas que afetam uma pessoa enquanto vizinho, como fonte de ajuda, como o objeto sexual de outra pessoa, enquanto membro de uma família e de um Estado. Aqui é especialmente difícil evitar exigências ideais particulares e ver o que é civilizado em geral. Talvez possamos começar explicando que o elemento de civilização entra em cena com a primeira tentativa de regular essas relações (Freud, 1989, p.48).

10 Ver Cornell (1991).

11 Por exemplo, Evelynn Hammonds já argumentou que o apagamento das mulheres afro-americanas com aids envolve a sua representação por meio de uma rede de fantasia sobre a mulher negra irresponsável, selvagem, que permite que seu sofrimento desapareça de vista. Uma parte crucial da luta, então, é contestar essa representação como fantasia e deslocá-la com a revisão da realidade sofrida por mulheres afro-americanas com aids. Ver "Invisibility and Exposure:

Seyla Benhabib • Judith Butler • Drucilla Cornell • Nancy Fraser

além das figuras restritivas de Mulher, que de maneira simplista dividem mulheres reais em dois tipos – boas meninas, mãe amorosas, irmãs dedicadas e não ameaçadoras, de um lado, e amantes manipuladoras, mães sufocantes, lésbicas que odeiam homens e marginais psicóticas, de outro –, é crucial para um esforço feminista por uma solidariedade que respeita a diferença e combate os privilégios. Essa fantasia física de Mulher[12] separa muito facilmente uma mulher da outra, com algumas de nós adotando a imagem de "boa menina" sob a promessa implícita de nos mantermos como uma presença não disruptiva dentro da ordem civilizada de "homem".[13] Deveria ser óbvio que essa possibilidade de "adoção" está mais ao alcance de mulheres brancas, de classe média, do que de mulheres de cor. Não deve ser surpresa, então, que esse processo de separação e de adoção tem pesado no desenvolvimento e na manutenção do feminismo acadêmico. A atração por uma identidade estabelecida e partilhada enquanto mulheres pode obscurecer a importância desse processo, com frequência inconsciente, de separação e adoção. Como veremos, no lugar de um apelo à identidade como a base da política, prefiro me basear no que chamo de representação explicitamente política de identificação mimética como base para a solidariedade.

Black Women, Black Feminism, and AIDS", um ensaio apresentado no Scripps College, nov. 1993.

12 Tomo de Jacques Lacan a expressão "fantasia psíquica da Mulher" (ver Mitchell; Rose, 1985). Para uma discussão da operação da fantasia psíquica da Mulher, ver Introdução II no mesmo volume.

13 Dois filmes que são testemunhas de como essa divisão da Mulher em dois tipos se mantém no imaginário são *Atração fatal* e *Instinto selvagem*.

Debates feministas

É a escassez de simbolizações do feminino dentro da diferença sexual que permite a experiência de silenciamento com frequência relatada na literatura feminista. Como resultado, o feminismo não pode ser separado "das palavras para dizê-lo".[14] Esse "lo" não é apenas a articulação da experiência de ser empurrada contra o limite do significado como uma mulher real que luta com e contra a feminilidade restritiva imposta pela hierarquia de gênero.[15] Esse "lo" também envolve o repensar e a rearticulação dos conceitos mais básicos da filosofia e da jurisprudência ocidental, de modo a elaborar uma prática feminista que não se vire contra suas próprias aspirações ao acomodar-se aos termos da hierarquia de gênero que ela desafia.

II. Por que feminismo ético?

O uso que faço da palavra "ético" tem várias camadas. Para os propósitos deste ensaio, vou tentar um resumo daquilo que já defendi com maiores detalhes em outros lugares.[16] Uso a palavra "ético" para indicar a aspiração a uma relação não violenta com o Outro e à diversidade no senso mais amplo possível. Isso supõe responsabilidade para lutar contra a apropriação do

---

14 Tomo a expressão do título do romance autobiográfico *Words to Say It*, de Marie Cardinal (1984).

15 O romance de Cardinal articula como a inabilidade em elaborar sua própria rebelião contra as definições restritivas de feminilidade levou seu corpo a expressá-las em forma de traição de seu próprio corpo feminino, com períodos menstruais intermináveis.

16 Minha elaboração da importância do que compreendo da relação ética é um ponto de conexão importante entre meus três livros, *Beyond Accommodation* (1991), *The Philosophy of the Limit* (1992b) e *Transformations* (1993).

Seyla Benhabib • Judith Butler • Drucilla Cornell • Nancy Fraser

Outro em qualquer sistema de significado que negaria a sua diferença e singularidade.[17] Já que a ênfase está na aspiração a uma relação não violenta com o Outro, tal definição da ética exige que prestemos atenção ao tipo de pessoa que devemos nos tornar para aspirar a um relacionamento não violador. Separo essa aspiração, assim como aquela de transformar a si mesmo, de qualquer tentativa de determinar moralidade. Para meus propósitos, a moralidade designa qualquer tentativa de explicar teoricamente como é possível determinar um sistema que governe absolutamente a "maneira certa de se comportar". Como Niklas Luhmann já definiu de modo sucinto, "moralidade é uma forma especial de comunicação que leva dentro dela indicações de aprovação ou desaprovação".[18] O ético como eu o defino não é um sistema de regras de comportamento, nem um sistema de padrões positivos pelo qual justificar a desaprovação de outros. Ele é, na verdade, uma atitude diante do que é "outro" em relação a nós mesmos. Essa atitude tem muito em comum com aquelas que Charles Peirce chama de "falibilismo" e "devaneio" [*musement*].[19] O falibilismo implica um desafio à organização básica do mundo de cada pessoa, enquanto o devaneio indica a posição de encantamento diante dos mistérios e maravilhas da vida. As atitudes de falibilismo e devaneio estão inter-relacionadas. De um modo, é um uso ético em oposição à moral de uma maneira muito tradicional,

---

17 Uso generalizações de forma deliberada para definir a relação ética. Assim, defino-a mais amplamente que Emmanuel Lévinas (1969), com quem a expressão é usualmente associada.

18 Niklas Luhmann, "Paradigm Lost: on the Ethical Reflection of Morality", *Thesis Eleven*, n.29, p.84, s./d.

19 Ver Peirce (1960).

Debates feministas

já que essas duas atitudes podem ser traduzidas em virtudes específicas, por exemplo, humildade e generosidade. Mas, na minha compreensão dos limites de uma reflexão teórica sobre moralidade, essa tradução não se enquadra na tradição de uma ética que elabora as virtudes em uma descrição de uma esfera normativo-racional da natureza. O ético como o entendo não deve ser apreendido como uma reflexão determinável, teórica da moralidade. O propósito de tal reflexão teórica é elaborar uma visão pura da razão prática. A ironia é que tal reflexão teórica pode, por sua vez, tornar-se intolerante, derrotando, assim, seu propósito de elaborar uma defesa prática da virtude da razão pública. A intolerância é claramente incompatível com essa virtude. Assim, argumento que *eticamente*, assim como do ponto de vista filosófico, não deveríamos tentar a defesa teórica da visão pura da razão prática. Prefiro, em vez disso, descrever o falibilismo e o devaneio como atitudes.

Essas atitudes levam a tratar com cautela as conexões potenciais entre julgamentos proscritores, em particular quando eles determinam leis de comportamento codificado e se tornam o "mercado de aprovação".[20] Enquanto feministas, fazemos e precisamos fazer tais julgamentos o tempo todo, mas as atitudes que descrevi e atribuí à aspiração ao relacionamento ético tornariam suspeita qualquer tentativa de combinar nossos julgamentos em um sistema de integração moral — mesmo um que supostamente justificássemos com base em uma reflexão teórica sobre a moralidade.[21] É importante salientar

---

20 Luhmann, "Paradigm Lost", op. cit., p.86.
21 Ver Roger Berkowitz, "A Judge's Tragic Hero: an Arendtian Critique of Judging", *Berkeley Graduate Review*, v.I, 1994.

que essa suspeita do desenvolvimento teórico de um sistema de integração moral não é baseado na crítica da moralidade de Nietzsche.[22] Nietzsche decerto não aprovaria a aspiração a uma relação não violenta com o Outro. Para ele, tal aspiração seria um indicador do pior tipo de "frouxidão". Uma moralidade totalmente determinável, no entanto, corre o risco de virar o "mercado da aprovação" que irá sempre excluir a tarefa crucial de repensar nossos padrões de certo e errado.

O feminismo apresenta esse tipo de desafio interminável à imaginação ética. As feministas insistem que repensemos nossas formas de vida de modo permanente. Exigimos que males tradicionalmente entendidos como parte de um inevitável comportamento de "meninos", como estupro e assédio sexual, sejam reconhecidos como crimes sérios contra as mulheres. Para mostrar esses comportamentos como males, as feministas lutam para que "vejemos" o mundo de modo diferente. O debate sobre que tipo de comportamento constitui assédio sexual depende de como o sistema legal "vê" mulheres e homens. Porque o feminismo nos conclama a repensar nossa forma de vida, de modo a "vermos" de maneira diversa; ele necessariamente envolve um apelo ético, inclusive no sentido de expandir nossa sensibilidade moral. Uma sensibilidade informada pelas atitudes de falibilismo e devaneio será mais propensa a responder a tal apelo.

É por meio dessa sensibilidade que feministas estão aliadas com a crítica ética de tentativas *teóricas* para assegurar um sistema de integração moral com a elaboração da visão pura da razão prática. É importante notar que não estou negando

---

22 Ver Nietzsche (1974).

Debates feministas

o óbvio: precisamos, sem dúvida, de princípios. Temos de desenvolver a melhor definição possível do dano feito a mulheres assediadas sexualmente, de modo que ela possa ser efetivamente compreendida como uma ação a ser julgada no âmbito legal. Precisamos ser capazes de explicar por que tal comportamento é errado e por que nosso conceito de certo é o que o torna errado. Mas também temos de estar abertas à revisão desses conceitos enquanto nos engajamos no árduo processo de repensar nossa forma de vida. O conflito não é, assim, sobre a necessidade de direitos e, correspondentemente, sobre a existência de princípios de certo e errado, mas sobre a possibilidade de existir ou não uma reflexão *teórica* sobre moralidade que possa nos dar a última palavra sobre o Certo, no sentido kantiano forte. O novo dado nesse caso é que a própria tentativa de dar a última palavra por meio de uma reflexão teórica sobre a moralidade seria suspeita do ponto de vista ético sob a definição que ofereci. Preciso salientar que essa suspeita não deve ser entendida como direcionada contra experimentos de imaginação hipotética, como o do artifício representacional do "véu da ignorância".[23] Precisamos de tais artifícios representacionais na elaboração dos princípios de justiça. O conflito só teria início se tais experimentos na imaginação hipotética tentassem basear-se em razões teóricas e não práticas. A tentativa de justificar a visão pura da razão prática se respalda, necessariamente, em uma justificação teórica do que constituiria a razão pura.

Quero enfatizar esse ponto porque, como já argumentei, acredito que exista uma importante e oportuna aliança que

---

23 Ver Rawls (1971, p.136-142).

Seyla Benhabib • Judith Butler • Drucilla Cornell • Nancy Fraser

deve ser feita entre o feminismo e a teoria da justiça de John Rawls.[24] Para meus propósitos aqui, cabe observar que o projeto de Rawls rejeita explicitamente a descrição de uma esfera normativa racional da natureza como inapropriada para a elaboração de um projeto de justiça guiado de modo primário por razão prática. É precisamente a insistência de Rawls de que não se pode justificar em teoria uma visão pura da razão prática que faz seu trabalho um aliado do que chamo de "feminismo ético". É claro que está além do escopo desta obra desenvolver em detalhes os contornos dessa aliança. Mas, como os ensaios neste livro abordam a questão da relação entre o assim chamado "pós-modernismo" e o kantismo, gostaria de participar desse debate salientando que acredito que essa separação não foi corretamente descrita pelas outras participantes deste volume. O que precisamos é examinar, com muito mais detalhes, a base para uma aliança entre feminismo e kantismo da maneira que é desenvolvida no trabalho de John Rawls sobre a teoria da justiça (Ibid.). Mas dois aspectos do projeto de Rawls servem como suportes necessários para uma tal aliança. O primeiro, como já indiquei, é sua insistência de que uma teoria da justiça deve primeiramente depender de padrões de objetividade e razoabilidade apropriados à esfera da razão prática e não teórica. Por exemplo, Rawls rejeita de modo explícito a introdução nos debates guiados por razão prática das teorias de apropriação causal, pois elas informam relatos teóricos de objetividade. Um exemplo clássico da introdução de uma teoria da apropriação causal em um relato de razão prática é a tentativa de Habermas de incorporar a psicologia cognitiva de

---

24 Ver Cornell (1995).

Debates feministas

Kolberg em sua justificação teórica de uma concepção dialógica da justiça.[25] Rawls, por outro lado, argumenta corretamente que não devemos e não podemos tomar os conceitos teóricos de objetividade e incorporá-los no campo da razão prática que chamamos de justiça.[26]

O segundo aspecto crucial é que Rawls, por enumerar cuidadosa e exatamente o que a razão pública pode ou não pode cobrir, não defende distinções kantianas tradicionais entre o estético e o ético – pelo menos como base para uma proeminência filosófica da teoria da justiça ou sua concepção de liberalismo político.[27] Esse cuidado em evitar qualquer defesa da metafísica kantiana, em particular quando ela toma a defesa da divisão entre o estético e o ético, é crucial ao feminismo ético porque este nos direciona ao que é tradicionalmente chamado de estético, de modo a preencher e tornar vívida nossa concepção dos males que as mulheres sofrem quando são, por exemplo, proibidas de realizar abortos ou forçadas a aguentar comportamentos de assédio sexual (Cornell, 1995).

Assim, o trabalho de Rawls pode e deve ser entendido como consistente com o tipo de pragmatismo de Peirce que já defendi, como base para obtermos definições eficientes em objetividade e razão, que deveriam ser estabelecidas pelos parâmetros de um campo particular.[28] A proposta, então, é sermos modestas ante as alegações de razão teórica que são usadas com

---

25 Habermas, a ser lançado.
26 Ver Rawls (1971).
27 Ver, de forma geral, Rawls (1993).
28 Ver "Recollective Imagination and Legal Interpretation", em Cornell (1993).

Seyla Benhabib • Judith Butler • Drucilla Cornell • Nancy Fraser

tanta frequência na tentativa de fundamentar teorias da justiça. Uso a palavra "modesta" deliberadamente, pois o próprio "véu da ignorância" é um poderoso, metafórico lembrete dos dois aspectos da modéstia associada ao véu. O primeiro é vergonha sexual. O segundo, uma importante reviravolta na própria ideia de modéstia... não, não a modéstia imposta sobre as mulheres por culturas que degradam e desvalorizam seu sexo, consequentemente considerado vergonhoso, mas a modéstia que nos é imposta pelos ditames da própria justiça. Apesar de eu estar bem ciente de que o "véu da ignorância" não foi deliberadamente criado para representar esses dois aspectos da modéstia, o poder e a beleza do artifício representacional são inseparáveis dessa reviravolta. O chamado, no segundo sentido, à modéstia, antes de quaisquer tentativas de razão teórica e de elaboração teórica de gênero, é importante como um alerta contra excessiva autoconfiança que tem, com demasiada frequência, informado tipos de feminismo que insistem em correção teórica.

Do mesmo modo, essa suspeita ética de qualquer tentativa de desenvolver uma defesa filosófica forte de qualquer sistema atual de moralidade tem também um importante papel dentro do próprio feminismo. Ela funciona de pelo menos duas maneiras: primeiro, a suspeita ética serve como lembrete contra o perigo do "mercado da aprovação" dentro do feminismo. É claro, existem exemplos de moralização que pretendem separar as feministas autoconfiantes daquelas mulheres que caíram na armadilha da falsa consciência e que discordam sobre alguma posição enunciada por uma autodeclarada feminista. Um exemplo claro é a acusação de Catharine MacKinnon de que feministas que discordam de sua posição sobre pornografia são

Debates feministas

colaboradoras.[29] A própria MacKinnon já argumentou que a metodologia feminista é criadora de consciência.[30] Mas, a não ser que alguém afirme que existe uma verdade antes da criação da consciência — e MacKinnon vacila sobre a existência ou não de tal verdade —, o fato é que não há uma consciência criada definitivamente, de modo que aqueles que a desenvolvem possam nos mostrar "o único caminho verdadeiro".[31]

Em contraste com MacKinnon, acredito que a criação da consciência não envolve a revelação de nossa situação definitiva enquanto mulheres. Ao contrário, entendo a criação da consciência como uma tentativa infinita de repensar e ressimbolizar o feminino dentro da diferença sexual, de modo a quebrar os grilhões dos significados de Mulher que têm sido aceitos sem discussão e justificados como destino. As atitudes de falibilismo e devaneio são cruciais para a confiança e a solidariedade necessárias ao processo de desafiar as restrições da feminilidade e para nos reapresentarmos além dos estereótipos da feminilidade. A criação da consciência envolve o significado de representação em pelo menos dois níveis. Primeiro, a verdade que surge da criação da consciência, se surgir, é representativa por denotar uma visão do mundo que passou a ser partilhada pelo grupo. Segundo, tal verdade envolve uma representação da realidade, em particular das limitações da identidade de gênero, de modo que aquilo que se apagou pode ser desenhado em contornos vívidos; o que era invisível pode ser visto, o que

---

29 Ver MacKinnon (1987).
30 Ver MacKinnon (1989).
31 Ver minha discussão a respeito da tensão dentro da visão de MacKinnon sobre criação de consciência em Cornell (1991, p.147-152).

135

Seyla Benhabib • Judith Butler • Drucilla Cornell • Nancy Fraser

parece natural pode ser contestado e imaginado diferentemente. Nesse nível, a criação da consciência envolve um gesto apotropaico que opera contra a sedimentação da identidade de gênero como uma realidade inabalável.

Há uma segunda forma de moralização, mais sutil, que talvez seja ainda mais corrosiva da solidariedade feminista. Essa forma de moralização envolve a separação, realizada pelas próprias feministas, entre um feminismo moderado, comprometido com um programa de reformas razoável, e o feminismo "selvagem", que parece deixar incontestadas apenas poucas das nossas práticas institucionais básicas. Esse tipo de moralização pode ser encontrado na desassociação de algumas feministas da luta por cidadania igualitária para gays e lésbicas. Como concordo com Judith Butler sobre o modo com que se ganha um "sexo", é um erro tanto teórico quanto ético tentar separar o gênero da matriz da heterossexualidade (Butler, 1993a). Por enquanto, desejo enfatizar a dimensão ética dessa tentativa de separação. Uma característica desse tipo de moralização é que ela reinscreve a fantasia psíquica de Mulher, que divide as mulheres em duas, a "domada" e a "selvagem". Se o objetivo inicial do feminismo é contestar a ordem simbólica reinante da hierarquia de gênero, ele ironicamente passa a reforçá-la se sucumbe à fantasia de que pode haver um "bom" e um "mau" feminismo. Essa divisão depende de uma forma de ruptura, como comentei anteriormente, que nos é imposta pela carência de simbolizações do feminino dentro da diferença sexual. Colocar-se de um lado ou de outro não apenas legitima a fantasia de que essa ruptura é "verdadeira" na Mulher, mas também resulta em uma ruptura que corrói qualquer tentativa de solidariedade.

Debates feministas

Quando entendemos que a solidariedade não nos é apenas dada com base em nossa identidade partilhada de mulheres, nós – e por "nós" eu entendo feministas – voltamos a ser responsáveis por perpetuar fissuras dentro do feminismo que replicam a fantasia psíquica de Mulher. Já sugeri que essa divisão é "colorida" pela implicação de ser muito mais fácil passar-se por "boa menina" quando se é branca. Existe uma desvantagem, no entanto, em ter acesso mais fácil à posição da "boa menina". Como nos lembra bell hooks, as próprias armadilhas da feminilidade – e uso a palavra armadilhas deliberadamente –, como beleza, serenidade, compreensão, facilidade de satisfazer e confiabilidade, são branqueadas.[32] Se a acomodação à fantasia psíquica de mulheres nos torna mais "atraentes", e desse modo achamos mais fácil entrar nas estruturas institucionais estabelecidas, também reforçamos nossas próprias prisões ao legitimar as limitações da feminilidade. O repúdio à feminilidade, com frequência associado às mulheres profissionais, replica os estereótipos da feminilidade precisamente porque são estes que estão sendo repudiados como a verdade da Mulher. O repúdio não pode curar a ferida da feminilidade por colocá-lo como a verdade da Mulher. A dicotomia entre repúdio e acomodação, estabelecido, por exemplo, nos escritos de Simone de Beauvoir, justifica de maneira implícita o mito da superioridade da mulher de classe e a criatividade que escapa de sua identificação com o "segundo sexo".[33] No caso de Beauvoir, no entanto, o mito de sua fuga deixou-a mais presa, pois a feminilidade que ela repudiava grudou-se nela na forma

---

32 Ver, de forma geral, hooks (1992).
33 Ver Beauvoir (1974).

Seyla Benhabib • Judith Butler • Drucilla Cornell • Nancy Fraser

de sua própria negação.[34] Em termos psicanalíticos, esse repúdio é em si uma forma de castração simbólica.

Ainda assim, se há uma opressão associada com essas estratégias recorrentemente inconscientes de acomodação e repúdio, ela não deveria ser entendida como negação de privilégios de raça e classe, das quais essas estratégias dependem e que elas reinscrevem. As divisões dentro do feminismo exigem que confrontemos tanto diferença quanto *privilégio*, incluindo o privilégio que, de modo inconsciente, podemos ganhar quando entramos em estruturas institucionais estabelecidas; e, assim, aparentemente nos afastamos de nossa situação enquanto mulheres.[35]

Como podemos nos responsabilizar pelo que é inconsciente? Existe aqui um paradoxo, mas que é inerente ao feminismo. O desafio que nos faz o feminismo é tentar chegar a um acordo com os resultados prejudiciais de fantasias inconscientes que dão corpo à hierarquia de gênero. Como argumentei, o feminismo ético exige que o pensamento filosófico da relação ética confronte a maneira com que esta é informada e moldada pela fantasia psíquica da Mulher.[36] O próprio processo de criar consciência exige que lutemos para que modelos inconscientes se tornem conscientes sem, por definição, saber se estamos sendo bem-sucedidas ou autênticas. É o Outro, incluindo o

---

34 Ver Beauvoir (1993).

35 Uma ilustração clássica dessa ilusão de fuga é o fato de ela só ser possível quando outra mulher assume as responsabilidades "femininas" de cuidar das crianças. Não há melhor exemplo de caso no qual privilégio de classe e raça são demonstrados cotidianamente.

36 Ver minha "investigação" das metáforas de feminilidade que Emmanuel Lévinas (1991) usa em sua tentativa de evocar a relação ética.

Debates feministas

outro em nós mesmos, que nos chama a essa responsabilidade. Como resultado, não podemos desenvolver padrões que digam "já basta", que nos permitam enquanto feministas brancas, por exemplo, parar a luta para confrontar nosso próprio racismo. Por ironia, o desenvolvimento de padrões morais racionalizados é muitas vezes usado justamente dessa maneira, a fim de nos dar uma razão para não atendermos o chamado do Outro. Derrida disse isso com frequência.[37] Eu só acrescento que o ético exige nossa própria transformação de maneira mais implacável do que um sistema estabelecido de moralidade, já que não podemos *teoricamente* justificar quando ou onde podemos parar a prática da criação da consciência.[38] Dentro do feminismo, o chamado explícito das mulheres de cor, lésbicas e outras designadas como fora da matriz da heterossexualidade pede que mulheres brancas e heterossexuais assumam responsabilidade pelo modo com o qual elas internalizam uma ação em razão dos privilégios de poder "passar-se por".

Esse chamado por responsabilidade é inerente à aspiração à relação ética e, consequentemente, um aspecto crucial do que chamo de feminismo ético. Ele pode nos convocar tanto a atos de identificação quanto de desidentificação. Mas exige que desconstruamos a alegação de que há uma identidade que partilhamos enquanto mulheres e que as diferenças entre nós são secundárias. Uma simples reivindicação de identidade obscurece a maneira pela qual nós, como mulheres, somos "lidas" diferentemente e, assim, "vistas" de modo distinto dentro das

---

37 Ver Jacques Derrida, "The Force of Law: the Mystical Foundation of Authority", *Cardozo Law Review*, v.11, n.5-6, 1990.
38 Ver, de forma geral, Cornell (1991).

Seyla Benhabib • Judith Butler • Drucilla Cornell • Nancy Fraser

fantasias reinantes de feminilidade que dão "corpo" a nossa "natureza" enquanto mulheres. O perigo ético nessa obscuridade é que ele mascara o privilégio. Ele também está em desacordo com o gesto apotropaico que afirmo ser crucial para uma prática feminista, porque obscurece e reforça o desbotamento da diversificação e da diferenciação do feminino dentro da distinção sexual. Em um sentido muito importante, faço a diferenciação entre abordagens psicanalíticas e outras abordagens teóricas ao estudo da Mulher e de mulheres precisamente com base em sua utilidade na elaboração desse gesto apotropaico. Passo agora à minha discussão sobre como e por que utilizo a estrutura teórica de Jacques Lacan e por que critico certos aspectos da narrativa de gênero oferecida pela teoria da relação de objetos.

III. Por que Lacan?

Muitas feministas são reticentes com Lacan porque sua estrutura psicanalítica parece não deixar espaço para o feminismo.[39] Sem surpresa, Lacan concordava. Ele argumentava que seu modelo analítico excluía a possibilidade do feminismo que pudesse contestar radicalmente a própria concepção da diferença sexual em dois gêneros. Por que então empregar tal pensador, que enfatiza a mais fundamental exclusão do feminino como "base" para cultura? A resposta é que a análise lacaniana pode nos ajudar no desenvolvimento de uma abordagem ao trabalho da cultura que nos permita mergulhar nas profundezas de nossa forma de vida, em vez de apenas deslizar sobre a superfície. Lacan nos ajuda a lidar com a maneira com a qual nossa reali-

---

39 Ver Flax (1990).

Debates feministas

dade é moldada por fantasias inconscientes que restringem com severidade nosso campo de visão e nossa imaginação política.

Quero enfatizar dois aspectos do trabalho de Lacan que tornam sua teorização importante ao feminismo e, mais especificamente, que podem explicar o processo pelo qual a diversificação do feminino dentro da diferença sexual se apaga dentro das representações culturais. Devo mais uma vez enfatizar que é justamente a explicação de Lacan sobre o apagamento da diversificação do feminino dentro da diferença sexual que faz de seu trabalho um importante ponto de partida para compreender o que o gesto apotropaico do feminismo deve enfrentar.

Vou sumarizar os dois aspectos do trabalho de Lacan que são em particular cruciais à teoria e à prática feministas. Primeiro, a análise lacaniana começa com a construção simbólica da feminilidade, uma abordagem que nunca mescla as construções com as mulheres reais e, assim, nunca se baseia em nenhuma narrativa empírica da diferença sexual. Por que acho importante começar com o conhecimento consciente de que se está examinando as construções da feminilidade, e não apenas reportando uma realidade óbvia? A resposta está no fato de que sempre existe uma disparidade entre essas construções e as vidas de mulheres reais. Como já argumentei, o feminismo funciona dentro dessa disparidade, o espaço necessariamente deixado aberto entre as construções e nossas vidas reais enquanto criaturas "sexuadas".[40] Essa disparidade – que, para Lacan, garante que é impossível saber a verdade sobre nossa diferença sexual – pode ser interpretada contra seu próprio repúdio da possibilidade do feminismo. A impossibilidade de

---

40 Ver, de forma geral, Cornell (1991).

141

Seyla Benhabib • Judith Butler • Drucilla Cornell • Nancy Fraser

uma descrição simplesmente empírica de nossa diferença sexual significa que não há verdade para quem somos enquanto mulheres. Para Lacan, as fantasias e significantes imagéticos que produzem as representações de Mulher não resultam em base para Mulher, nem em biologia, nem nos papéis destinados a ela pela convenção social. Quando Lacan escreve que não há significado fixo para Mulher dentro da ordem simbólica (Mitchell, 1985), o que ele quer dizer é que não temos uma base a qual podemos recorrer como realidade além das estruturas de fantasia. Voltaremos à razão pela qual a análise de Lacan sobre como e por que não existe base para Mulher o leva a suas conclusões sobre o feminismo. Gostaria de enfatizar, no entanto, que em termos lacanianos podemos reinterpretar a importância política de não existir significado fixo para Mulher dentro do simbólico masculino.

A análise lacaniana e o uso da psicanálise na teoria feminista não negam que há um referente "mulheres", mas não exigem que estudemos como esse referente passou a "existir". Devemos investigar as fantasias que se tornaram de tal forma parte de nós que não podemos imaginar a realidade sem elas. Obviamente, raça e sua manifestação por meio de associações inconscientes com cor têm tido um papel crucial em como a feminilidade é inscrita em uma cultura particular. O famoso discurso "Ain't I a Woman?" [Não sou Mulher?] joga deliberadamente com o paradoxo inerente em uma definição de feminilidade que, de modo sistemático, exclui as vidas e os destinos de mulheres afro-americanas.[41]

---

41 Ver "Ain't I a Woman", discurso de Sojourner Truth. Partilho o entendimento de Gananath Obeyesekere da expressão "trabalho de cultura". Ver, de forma geral, Obeyesekere (1990).

Debates feministas

Em outras palavras, meu uso da psicanálise não nos dá um feminismo sem mulheres. Ele nos dá um feminismo que oferece uma análise rica e complexa de como o significado de mulher e mulheres é inconscientemente codificado e como os significados codificados carregam consigo paradoxos que permitem a contestação política. A mulher enquanto "falta" é um exemplo do que quero dizer com paradoxo codificado. Se mulher é falta e, assim, no sentido de Lacan, uma falta de significado, ela pode "ser" qualquer coisa.[42] A impossibilidade de fixar de todo o significado de Mulher permite infindáveis possibilidades transformativas. Em razão dessa impossibilidade, podemos contestar qualquer teoria que supostamente nos aprisiona na verdade de nossa diferença. Também podemos operar dentro da disparidade entre essas construções e nossas vidas reais e, em consequência, abrir espaço para a representação de novas coreografias de diferença sexual. Essa abordagem contrasta com as interpretações literais daquela que estuda as mulheres como se a situação delas pudesse ser compreendida como uma série de fatos estabelecidos. Essa compreensão da diferença sexual leva com frequência a uma abordagem "gênero e ..." que tem sido criticada com severidade por algumas mulheres de cor. Mas ela também designa rigidamente o que é uma mulher, em si mesma uma forma de confinamento. Como todos os confinamentos, ela decerto não se enquadra na diversidade e na diferença de vidas reais. A abordagem que ofereço ao trabalho da cultura insiste que somos engendradas como mulheres em uma estrutura complexa de desejo que nos afeta ao mesmo tempo que nos engendra como "sexuadas". Ainda assim, o faz sempre de

---

42 Por favor, ver Riley (1988).

Seyla Benhabib • Judith Butler • Drucilla Cornell • Nancy Fraser

modo imperfeito, pois não pode haver analogia estável entre representações culturais e experiência vivida.

O segundo aspecto da teoria de Lacan do qual me aproprio criticamente é sua observação de que é a barreira ao feminino dentro da diferença sexual que serve como base da cultura. A análise lacaniana faz da figura da mãe castrada a chave para o complexo de castração. Esse entendimento da visão da mãe no complexo de castração significa que o modo como a mãe é vista, e não a presença ou o envolvimento do pai, é crucial para mudar a base da identidade de gênero, em particular na militância contra os sintomas depressivos que meninas apresentam ainda tão jovens.[43] A ênfase nos resultados danosos da falta do pai, ou, de modo correspondente, a importância dada à identificação com o pai para a individuação, é contestada de maneira implícita. Essa visão da psicanálise que idealiza o poder do pai literal, real, tem sido continuamente criticada por seu uso racista. Lacan, por outro lado, sempre nos leva de volta à Mulher. Para Lacan, Ela é o sintoma do Homem, a verdade reprimida de que ele é, do mesmo modo, a falta. O significado disso no contexto do feminismo é que nos leva de volta à ressimbolização da função maternal e do feminino dentro da diferença sexual. De forma mais geral, podemos usar essa observação como um *locus* para mudança, em vez de enfatizar a participação dos homens na criação das crianças. É claro que Lacan negaria que uma tal ressimbolização da função maternal ou do feminino dentro da diferença sexual é possível. Na minha leitura, como

---

43 Ver Eleanor Galenson e Herman Roiphe, "The Impact of Early Sexual Discovery on Mood, Defensive Organization and Symbolization", *The Psychoanalytic Study of the Child*, v.26, p.195, 1972.

Debates feministas

veremos, é precisamente por não haver significado estabelecido para Mulher na ordem simbólica que se torna impossível para o significado de Mulher ser estabilizado de modo a impedir esse processo de ressimbolização.

Em uma escala maior, desafios à carência de simbolização do feminino implicam uma crítica de nossas noções de ordem civilizada, uma ordem profundamente influenciada por nossa aceitação inconsciente das estruturas de gênero. É por isso que argumento que a liberação das mulheres implica um conceito de liberação que teria implicações para todos nós. Assim, esse tipo de feminismo não é apenas sobre mulheres e não é só mais um interesse específico. É sobre repensar tanto a própria base da civilização quanto uma forma de vida na qual poderemos todos ser bem menos descontentes.

Falarei agora de como Lacan nos permite desenvolver uma explicação de por que o feminismo é tão difícil de manter como movimento e como e por que essa dificuldade é associada à carência de simbolizações para o feminino dentro da diferença sexual. Precisamos olhar mais especificamente para a análise de Lacan sobre as razões de não poder existir significado fixo para Mulher dentro da ordem simbólica. Em Lacan, entramos na nossa cultura e no nosso *status* único enquanto seres falantes com base em nosso corte radical do corpo maternal. Essa "cicatriz do umbigo" não é apenas real no nascimento, mas também um corte simbólico que nos arranca da díade imaginária mãe/filho.[44] A introdução da criança na ordem simbólica se dá às custas de sua Mãe/Outro e tudo o que ela representa: um mundo

---

44 Tomo a expressão "cicatriz do umbigo" de Elisabeth Bronfen (1992, p.205-224).

Seyla Benhabib • Judith Butler • Drucilla Cornell • Nancy Fraser

fantasioso de desejos atendidos. A lei que impõe essa castração simbólica é a lei do pai imaginário cuja potência é simbolizada nas estruturas institucionais reais e nas leis da cultura patriarcal. O significante para essa potência é o falo, que conhecemos apenas em sua expressão como a lei que nos barra da Mãe. Isso explica por que, para Lacan, a maior lei cultural é a imposta pelo complexo de Édipo. Ambos os sexos são barrados pela lei imposta pelo Nome do Pai e tudo que ela passa a representar na cultura patriarcal. Por cultura patriarcal entendo uma ordem social que organiza nossas relações sexuais por meio da linhagem patrilinear. Mas a identificação inconsciente entre o pênis e o falo coloca os dois sexos em campos diferentes de importância para a suposição da identidade de gênero. Assim, a barreira à simbolização do desejo da Mãe tem implicações diferentes para aqueles de nós que serão designados como masculino ou feminino.

O menino pode identificar-se com a cultura masculina pela projeção de sua semelhança com o pai, que tem o pênis. É essa identificação inconsciente do falo com o pênis que permite ao menino, pelo menos no nível da fantasia, compensar a perda fundamental que ele deve suportar. Psicologicamente, aqueles que se tornam homens têm a sua subjetividade organizada em torno dessa fantasia e aceitam os fardos da civilização justamente por causa da compensação que ela oferece por uma perda original, um mundo imaginário no qual o descontentamento não seria o preço que pagamos por nos tornar humanos. A "má notícia" para o menino é que essa fantasia o deixa em um constante estado de ansiedade diante do terror de que aquilo que o torna homem possa ser tirado dele pelo pai imaginário com o qual ele inconscientemente se identifica. As infindáveis substituições para esse pai, na figura de reitores, políticos e ou-

Debates feministas

tras imagens masculinas poderosas, deixam-no em um estado inconsciente de subordinação aceita. Sua masculinidade está sempre em perigo e, assim, temos uma explicação para o gesto exigido pela lei do mais forte entre os homens: "Só não tire isso de mim e trabalharei dezesseis horas por dia sem reclamar". Isso está longe de ser um exemplo de superioridade masculina real, mas é um exemplo da razão pela qual os homens precisam da fantasia de que são superiores às mulheres. É compensação pelo fardo de uma perda original. Essa perda gera a fantasia psíquica da mulher na qual a Mãe perdida se torna uma figura imaginária dividida, aquela que é infinitamente desejável, a menina má que oferece prazeres infinitos e a mãe e esposa de confiança, que serve de substituto inofensivo à mãe fálica. Nessa narrativa de masculinidade, no entanto, há claramente uma base para uma aliança que contesta as estruturas de gênero. Os dois sexos estão divididos em campos diferentes de importância. Os homens são interpretados em relação a significantes que são distintos daqueles aos quais as mulheres se relacionam. A subjetividade do sujeito masculino tem uma posição fixa garantida no reino dominado pela referência fálica. Mas o preço pago por essa posição fixa continua sendo uma forma de castração simbólica. Como resultado, ainda que as lutas dos homens contra as estruturas de gênero não sejam jamais as mesmas de uma mulher, existe uma base para chamar os homens a resistir à imposição de noções tradicionais de masculinidade.

As mulheres, ao contrário, por serem afastadas da Mãe e, desse modo, de um significante original por meio do qual poderiam organizar sua identidade, não podem achar "a elas próprias" na ordem do simbólico. As mulheres acham apenas a imagem dividida delas mesmas imposta pela fantasia psíquica

Seyla Benhabib • Judith Butler • Drucilla Cornell • Nancy Fraser

da mulher. Ou abraçamos essas imagens ou somos deixadas sem representações de nossas "naturezas". Se o privilégio do falo como significante original da diferença sexual fixa o homem em sua posição de sujeito, ele desloca a mulher de qualquer posição fixa na qual basear sua subjetividade. O que sobra, para Lacan, é impossível expressar. O imaginário feminino não é capaz de ganhar forma, pois não pode encontrar a "coisa" simbólica para registrar a diversificação da diferença sexual feminina.

Esse relato lacaniano explica por que, em termos populares, as mulheres têm dificuldade em desenvolver uma "autoimagem" positiva. As imagens inconscientemente associadas com feminilidade são "más", no sentido de ser inadequadas na riqueza de expressões para abarcar de maneira apropriada a vida de qualquer mulher. Para Lacan, a lei da civilização é que a nós, mulheres, seja negado o acesso a um campo de significância no qual pudéssemos nos ressimbolizar e achar as "palavras para dizer" quem somos. Assim, não pode haver base para identidade das mulheres. De forma paradoxal, as mulheres "são" sem identidade precisamente porque identificadas como falta. Como a figura do Outro castrado, as mulheres só podem significar o que não está lá. Barradas em nós mesmas e de nós mesmas, somos o objeto de desejo máximo. O buraco que deixamos na realidade é preenchido com fantasia masculina. Enquanto mulheres, estamos presentes apenas por meio das representações do Outro feminino, que preparam o terreno para uma conversa muito limitada. Qualquer teoria da comunicação interessada em relacionamento dialógico terá de confrontar como o Outro feminino é visto. Quem é visto como interlocutor irá influenciar os compromissos na conversação. Tais representações também limitarão as possibilidades de arti-

Debates feministas

culação de quem se é. Assim, uma apropriação crítica de Lacan nos ajuda a entender a relação entre a escassez de simbolizações do feminino dentro da diferença sexual e a experiência de ser silenciada, tão presente dentro do movimento feminista. Não apenas devemos ouvir as vozes das mulheres, também precisamos saber por que a escassez de simbolizações estabelece um limite em nosso discurso quando nos esforçamos para achar as "palavras para dizê-lo".

Para Lacan, nossa única alternativa à posição do Outro feminino, tropo do homem para seu próprio esforço em domar o fantástico,[45] é nos reposicionarmos ao lado do masculino, nos apropriarmos do falo e, assim, nos tornarmos advogadas, médicas, professoras etc. Mas não seremos capazes de expressar nosso poder como feminino. O repúdio à feminilidade, assim, é inevitável se queremos que nos deixem entrar no clube dos meninos. Para Lacan, o feminismo não pode representar a si mesmo como um feminismo que inclua a simbolização do poder do feminino dentro da diferença sexual. O feminismo será barrado como algo diferente da apropriação da posição fálica, e as feministas, por sua vez, serão divididas pela fantasia psíquica da mulher. Temos aqui uma explicação cultural do fenômeno das críticas ao feminismo que reinscrevem as limitadas simbolizações da diferença sexual feminina. A jovem "sexy" é colocada contra a figura que ela representa como a feminista, a mulher mais velha assexuada que erroneamente dá caráter político a sua infelicidade.[46] A sexualidade é apresentada como domada, pois identifica "sexo" dentro dos parâmetros determinados

---

45 Ver Shoshana Felman, "Rereading Femininity", *Yale French Studies*, n.62, p.19-44, 1981.
46 Ver Roiphe (1993).

Seyla Benhabib • Judith Butler • Drucilla Cornell • Nancy Fraser

por um simbólico masculino. Para fazermos sexo, precisamos jogar o jogo, e o jogo não pode ser assim tão ruim, mesmo se inclui estupro, pois, afinal, conseguimos fazer "sexo". Mas que tipo de "sexo" é esse que conseguimos? Mantemo-nos como o outro feminino desejado em oposição àquelas solteironas mais velhas que não estão fazendo sexo. Por outro lado, somos orientadas a nos representar como se tivéssemos as qualidades associadas com o falo, tal como poderosas mulheres de negócio que "fodem com os outros" e vendem ações ao mesmo tempo.[47] Lacan nos ajuda a entender por que livros recentes que focam em como as feministas se representam não são uma coincidência e, mais importante, por que eles inevitavelmente replicam as limitadas opções representativas de nosso "sexo".[48] Ainda que essa batalha recente tenha acontecido no campo da representação, ela não confrontou os parâmetros do campo. Mas podemos confrontar esses parâmetros? Análises lacanianas nos ajudam a explorar a barreira contra a qual se choca o feminismo e, assim, nos ajuda a pensar diferentemente sobre o que combatemos. Mas também nos deixa sem saída. Estamos trancadas no simbólico masculino, destinadas a bater nossas cabeças contra a parede.

IV. A importância das diferentes concepções de limite

Essa concepção de destino de Lacan, do modo em que a lei de gênero é reforçada pela barreira como o falo, exige uma se-

---

47 Ver Wolf (1993).
48 Ver Rose (1986).

Debates feministas

mântica transcendental. É essa semântica transcendental que garante o significado de gênero, enquanto barra outras possibilidades. Na semântica transcendental, o significado só é limitado às custas do bloqueamento da passagem dos significantes, incluindo, no caso de Lacan, os significantes de masculino e feminino e os significados que eles passaram a articular. A concepção de Lacan do limite de significado cede lugar à desconstrução de Derrida da distinção de Husserl entre *Sinn* e *Bedeutung* e o sentido, ou significado, de uma palavra e sua referência. Por razões de espaço, não posso repetir em detalhes como Derrida usa sua desconstrução da distinção de Husserl entre *Sinn* e *Bedeutung* contra a alegação filosófica de Lacan de que o falo opera como barreira à passagem do significante do feminino.[49] Devo enfatizar, no entanto, que concepções diferentes do limite são importantes para o feminismo.

Por definição, um significante transcendental deve ser fiel a sua forma. Mas, como não podemos conhecê-lo diretamente, apenas em sua expressão e suas representações, ele não pode atingir a pureza. O próprio projeto de purificar o conceito de forma é complicado pela produtividade da linguagem na qual ele deve ser manifestado e explicado. Só seria possível atingir o objetivo de semântica transcendental se expressão e representação não fizessem mais do que transportar um sentido de exterior constituído e, ao fazê-lo, reemitissem um sentido *noemático*, ao oferecer acesso à forma conceitual. O falo só pode ser mantido na posição de significante transcendental se puder escapar da elipse inevitavelmente associada com expressão e representação linguística. Mas poderia ser o único a ser salvo

---

49 Ver Cornell (1991, p.27-36).

Seyla Benhabib • Judith Butler • Drucilla Cornell • Nancy Fraser

do destino do significante transcendental? Como demonstrou Derrida, a "presença" do mesmo significante, o falo, como o significante de todos os significantes depende do estabelecimento de um *point de capiton* – o "ponto de estofo" ou "ponto de basta", que, para Lacan, une o sujeito ao discurso – e por meio disso constitui ambos como tal –, de modo que haverá uma trajetória de repressão que nos guiará de volta ao falo.[50] Apenas o falo pode garantir a trajetória da repressão. Como resultado, Lacan não pode deduzir o *status* do falo a partir da trajetória da repressão estabelecida pela exclusão na ordem simbólica da diferença sexual feminina. Sem o estabelecimento prévio do falo na posição do significante transcendental, haveria outras trajetórias possíveis. No lugar de uma dedução transcendental, existe um argumento circular que não pode manter o falo em seu lugar transcendental e, assim, a Mulher em seu lugar como o Outro castrado.

Além disso, é crucial para a masculinização do falo que ela seja inconscientemente identificada com o pênis. Para Lacan, nenhum "corpo" possui o falo, pois, como a barreira que identifica a falta em ambos os sexos, ele não tem e não pode ter uma existência positiva. É por isso que ele deve dar ao falo uma localização transcendental se quiser unir os significantes masculino e feminino de forma absoluta. Mas o registro inconsciente que Lacan também nota como inevitável – que nenhum "corpo" tem o falo – significa que o pênis pode ser transferido dessa estrutura identificatória e que outras possibilidades além de Mulher podem tomar o lugar da figura de castração. Essas possibilidades denotariam que o significante

---

50 Ver Derrida (1982).

Debates feministas

Mulher e o campo de importância no qual ela foi posicionada não poderiam ser atados de modo filosófico. Os parâmetros e os limites do significado Dela continuam sempre abertos à possibilidade de que serão contestados. É precisamente o objetivo da desconstrução de Derrida nos mostrar que não pode haver tal limitação do significante do feminino.

A figura da Mulher barrada, da própria Mulher como representação do limite ao sentido, é fixada diante dos olhos com o congelamento do sentido. A Mulher alegorizada como excesso é mais um acessório de sua posição, ela própria compelida pela lei que impede a refiguração do feminino dentro da diferença sexual. Como uma expressão da lei do falo que ele desconstrói, Derrida ilustra o valor ambivalente dessa figura alegórica. A figura como a representação do que não pode ser representado expressa tanto o poder disruptivo do que continua misterioso quanto, enquanto condensação em uma figura, o controle sobre o misterioso. A condensação da figura vai além, apontando para a metonímia do significante Mulher que não tem significante fixado. Esse valor ambivalente inclui para o feminismo a figura da Mulher fora do sistema que escorrega por baixo de suas constrições e doutrinas.[51] Se a liberação das mulheres é representada como a luta por inclusão em um sistema de cultura falogocêntrica, então essa figura simboliza uma alternativa radical. É essa alternativa radical que fascina Derrida.[52]

---

51 Assim, discordo de Gayatri Spivak (Brennan, 1989) quando ela argumenta que Derrida apoia sem críticas a figura da Mulher como *outsider* radical. Ele, ao contrário, trabalha para nos mostrar o valor ambivalente dessa figura. O valor ambivalente é precisamente que, na sua alegorização, sua posição é mais uma vez fixada.

52 Ver Derrida (1989).

Seyla Benhabib • Judith Butler • Drucilla Cornell • Nancy Fraser

Derrida não nega o congelamento do sentido por meio dos códigos de repetição gravados profundamente, que reforçam a hierarquia de gênero. Sua desconstrução é da asserção filosófica de Lacan de que esses códigos de repetição serão protegidos da iteração de seus sentidos. A barreira em si não pode ser conceitualizada como um limite absoluto. Podemos apenas conhecer a barreira como metáfora e, como todas as metáforas, o excesso inerente na identificação via transferência aponta para além dela mesma. Assim, paradoxalmente, o limite recua diante de sua expressão linguística.

Esse é o paradoxo ao qual Wittgenstein incansavelmente nos traz de volta em suas investigações filosóficas. Sua conclusão filosófica foi que uma forma de vida ou um jogo de linguagem não seriam nunca conhecidos como formas autoidênticas. Mas havia um paradoxo ainda maior para Wittgenstein: é com a própria tentativa de conceitualizar o limite que nos batemos primeiro contra o limite da justificação filosófica e, em seguida, contra o próprio sentido. Batemo-nos contra o limite precisamente quando ele recua diante de nossas tentativas de conceitualizá-lo de modo adequado. Mas como é possível se bater contra algo que recua quando tentamos descrevê-lo? Como o limite pode estar ali quando ele não é conhecido? Wittgenstein sabia que não podia usar uma explicação filosófica tradicional para ilustrar esse paradoxo. Ainda assim, era justamente esse paradoxo irresolvível que marcava para Wittgenstein o limite da justificação filosófica. Seu estilo altamente original, que demonstrava a inevitabilidade de se bater contra esse paradoxo, foi adotado por ser o único adequado à tarefa de evocar o limite da linguagem que tanto opera para nos dar uma forma de vida e um mundo de sentidos quanto recua diante de

Debates feministas

nossa tentativa de conceitualizá-lo. Talvez a alegoria de Ursula K. Le Guin sobre o muro como fronteira, nas primeiras linhas de *The Dispossessed*, possa ajudar a dar expressão metafórica ao limite entendido como um paradoxo.

Havia um muro, mas ele não parecia desimportante. Era feito de pedras brutas e cimentado sem capricho. Um adulto podia olhar por cima dele e até uma criança podia escalá-lo. Onde ele atravessava a estrada, em vez de um portão, ele degenerava em pura geometria, uma linha, uma ideia de uma fronteira. Mas a ideia era real. Era importante. Por sete gerações não houvera nada no mundo mais importante do que aquele muro. Como todos os muros, ele era ambíguo, bifacial. O que estava dentro ou fora dependia de que lado dele você estava.[53]

E por que usar uma alegoria? Por que apenas não dizer de modo direto? A resposta é que o limite só pode ser evocado precisamente porque ele escapa da expressão direta. Assim, o uso da metáfora, da alegoria, não ocorre como prática de academismo *chic*. Tais artifícios são usados para ser fiéis à verdade do paradoxo, para mostrar o que não pode ser estabelecido. O que acabei de dizer sobre o estilo de Wittgenstein também cabe ao estilo de Derrida.

Mas há um momento ético na infindável demonstração desse paradoxo. É a importância desse momento ético que é particularmente crucial para o feminismo. A demonstração do limite de sentido solta as amarras da convenção. Os nós são afrouxados, e não reforçados, pela filosofia. Esse desafio a

---

53 Ver Le Guin (1974, p.1).

Seyla Benhabib • Judith Butler • Drucilla Cornell • Nancy Fraser

qualquer tentativa de assegurar filosoficamente as amarras do sentido de maneira implícita defende a possibilidade de que operemos dentro de um campo cada vez mais largo do sentido. Enquanto a fronteira recua, temos mais espaço para sonhar e repensar nossas formas de vida. A própria impossibilidade de conhecer as fronteiras que garantem sentido é perturbadora quando se procura segurança em um mundo estabelecido de sentido. Mas, como as feministas sabem muito bem, nós temos sido presas pelas amarras do sentido da feminilidade. A própria impossibilidade de conhecer o limite abre um horizonte infinito. Como feministas, então, temos muitas razões para forçar contra e além das fronteiras.

Como já notei, o recuo da fronteira não quer dizer que o limite não está "ali". O feminismo opera de ambos os lados do paradoxo. Metáforas de limite são comuns no feminismo precisamente por causa das barreiras, tanto externas quanto aquelas que internalizamos, à expansão do alcance dos sentidos que foram dados ao feminino dentro da diferença sexual. Mesmo se a asserção filosófica de Lacan sobre o *status* do falo não se sustenta contra a desconstrução de Derrida, sua observação de que o falo é o significante privilegiado no inconsciente para o poder criativo e reprodutivo continua importante como explicação da barreira à ressimbolização do feminino dentro da diferença sexual. O atrativo de Lacan para as feministas é que ele nos oferece uma narrativa cultural poderosa de por que a luta para expandir as simbolizações do feminino dentro da diferença sexual tem sido tão difícil. De certo modo, usamos Lacan para trabalhar para trás e mover para baixo. Movemo-nos de nossa experiência consciente para uma articulação do que devem ser as condições subjacentes de nossa experiência.

Debates feministas

Obviamente, esse movimento não é uma dedução transcendental em qualquer sentido forte. Mas em sentido fraco podemos usar esse processo dedutivo para ajudar a iluminar as condições de nossa experiência, de modo a entender melhor contra o que nos batemos. Podemos usar essa compreensão na luta para afrouxar as amarras dos impostos e rígidos sentidos dados ao masculino e ao feminino.

Assim, a psicanálise dá outra dimensão ao limite, uma dimensão que podemos rotular de o inconsciente. Apesar de o próprio Wittgenstein suspeitar da psicanálise, o inconsciente, entendido como uma espécie de unidade, permite a leitura wittgensteiniana do limite como paradoxo descrita antes. Para Lacan, o inconsciente é de gerado modo contínuo como o isolamento dos significantes normalmente imagéticos e sua relegação correspondente à posição de significado. O inconsciente, em outras palavras, "não é"; na verdade, ele está sempre em vias de ser. A repressão explica o congelamento do processo e permite que expliquemos por que alguns significantes ficaram tão congelados em seus *status* como significados que não mais parecem ser governados por princípios de metonímia e metáfora. Na verdade, a ênfase em Lacan e o que veio a ser conhecido como feminismo lacaniano na geração linguística do inconsciente podem por si mesmos ser entendidos como uma tentativa de jogar mais luz sobre o porquê de o limite da linguagem na linguagem não poder jamais ser conhecido. Também podemos acrescentar aqui que a barreira entre consciência e inconsciente não é um absoluto, mas ela própria uma função da linguagem. Uma elaboração de metonímia e metáfora como princípios da linguagem nos ajuda a entender tanto o congelamento do sentido por meio da repressão quanto o

Seyla Benhabib • Judith Butler • Drucilla Cornell • Nancy Fraser

descongelamento desses sentidos coagulados via processo de análise. Uma compreensão do papel de metonímia e metáfora pode nos ser útil para trabalhar de ambos os lados do paradoxo do limite do sentido.

V. Feminismo, representação e a encenação das identificações miméticas

A ênfase em metonímia e metáfora nos permite explicar por que o campo de significância se expande de maneira indefinida em sua própria articulação. Escritoras dependem conscientemente do deslocamento de sentido inerente a um campo de significância gerado por metonímia e metáfora para elucidar novas possibilidades para a elaboração da experiência. A ênfase, então, nesses dois princípios de linguagem não é só de importância teórica, mas também de importância prática ao projeto de ressignificar o feminino dentro da diferença sexual.

Não há, entretanto, maneira clara de separar o campo de significância das esferas da imaginação e da representação.[54] Lacan nos ajudou a entender por que isso acontece, em particular quando se trata de Mulher. As próprias construções simbólicas de Mulher estão amarradas com as projeções da fantasia inconscientemente associadas com a fantasia psíquica de Mulher. A luta para dar forma nos coloca contra o limite de nossas imaginações. Evelynn Hammonds já argumentou com eloquência que o sofrimento de mulheres afro-americanas com aids foi obscurecido pelos limites impostos tanto pelo racismo quanto pela fantasia psíquica de Mulher. Elas são vistas pelo

---

54 Ver Lauretis (1984).

Debates feministas

sistema médico branco e masculino como mulheres de excesso, sexualmente irresponsáveis e usuárias de drogas. São culpadas por seu próprio sofrimento e, assim, suas próprias experiências se perdem de vista. Do mesmo modo, elas são impiedosamente "expostas" pelos estereótipos do próprio sistema médico relativos à causa de doenças entre mulheres negras. Hammonds, em seu apelo por visibilidade como crucial para a luta contra a aids, argumenta ainda que os estereótipos das mulheres negras as impedem de ser exemplos atraentes para a mídia. Seu sofrimento real desaparece de cena. A mensagem da mídia é que a aids é terrível porque mata artistas geniais, não mulheres negras. Hammonds traça eloquentemente essas conexões entre limitações do campo de representação e luta política de mulheres afro-americanas vítimas da aids. Também argumenta que o desafio da representação dessas mulheres é decisivo para devolver-lhes a voz e para mudar os termos da luta.

A encenação de identificações miméticas é um artifício retórico e artístico para combater ou deslocar as fronteiras que têm limitado nossa imaginação. Uso a palavra encenação para indicar o engajamento consciente, politicamente comprometido com os significantes imagéticos em relação aos quais somos construídas enquanto mulheres. Essa encenação é mimética de maneira explícita, no sentido de que mimetiza. Mimetizar não implica apenas espelhar, mas, enquanto encenação, também é uma paródia do que espelha. Mimetizar *sempre* carrega dentro de si um momento de paródia daquilo que espelha. Tais encenações são identificações em um sentido dual. Não sabemos nunca a que nível internalizamos e identificamos a nós mesmas com as imagens disponíveis de Mulher. Identificações inconscientes operam em nível tão profundo que não podemos

Seyla Benhabib • Judith Butler • Drucilla Cornell • Nancy Fraser

nos separar delas. Mas, quando encenamos a identificação de uma das posições impostas pelas fantasias e imagens de feminilidade, também apresentamos a produção daquela imagem e daquela fantasia. Ao fazê-lo, distanciamo-nos dela e expomos a disparidade entre a fantasia e a complexidade de mulheres de verdade. Paradoxalmente, a encenação de uma identificação mimética apresenta uma identificação, de modo a resistir ao estereótipo associado com a imagem. A própria falta de um significado fixo para Mulher denota que essa escorregada entre os posicionamentos da feminilidade é sempre possível.

O processo de ressimbolização acontece no "entremeio" das imagens e de nossas vidas. Enquanto feministas, podemos encenar a contradição performática inerente à análise de Lacan de que Mulher não pode ter lugar fixo no simbólico masculino. Lacan interpreta sua análise para denotar que o feminismo é impossível porque deve se apoiar sobre uma fundação para Mulher. Mas é precisamente por não existir fundação firme para a identidade de Mulher que nos é permitido contestar de modo infinito qualquer interpretação de nós mesmas como a verdade final. Enquanto o sentido de mulher é contestado como um conjunto limitado de construções fantasiosas impostas sobre vidas ricas e complexas, enquanto aumentamos a disparidade entre nós mesmas e nossas representações e, assim fazendo, damos luz a novos modos de expressão da diferença sexual feminina, também de forma inevitável desafiamos as fronteiras que definiram a masculinidade e os parâmetros da heterossexualidade normalizada. Desestabilizamos as fundações do homem se criamos mais perturbações na definição de nós mesmas como mulheres. Não pode haver fim para esse processo que, afinal, nos dá a verdade da Mulher.

Réplicas

5
Subjetividade, historiografia e política: reflexões sobre o "debate feminismo/ pós-modernismo"

Seyla Benhabib

Ao longo dos anos 1980, e em campos tão diversos quanto os da teoria arquitetônica, da crítica literária, da filosofia e da teoria social, o termo "pós-modernismo" foi usado para marcar um difuso senso de consciência do tempo. Essa consciência foi definida pelo sentimento disseminado da exaustão do projeto da modernidade, de estarmos no final de certos paradigmas culturais, teóricos e sociopolíticos. Como recorrentemente acontece com termos que tentam capturar o *Zeitgeist*, as próprias definições deles se tornam aspectos do *Zeitgeist*. É com frequência difícil distinguir entre o significante e o significado; o primeiro acaba implicado na identidade do último. É o que aconteceu e continua acontecendo com o termo "pós-modernismo".

Judith Butler não tem paciência com esse termo. Ela suspeita que ele esteja sendo usado como arma de rejeição e deslegitimação. Para ela, o termo homogeneíza e agrupa até tornar irreconhecíveis correntes de pensamento divergentes e muitas vezes conflituosas. Em particular, ela dá a entender que o ter-

Seyla Benhabib • *Judith Butler* • *Drucilla Cornell* • *Nancy Fraser*

mo pós-modernismo é usado para denegrir e rejeitar a filosofia francesa contemporânea. A resposta de Butler me faz pensar no gracejo de Foucault: "O que é pós-modernismo? Não estou atualizado".[1]

Essa resposta, no entanto, não entende o espírito e o propósito da minha primeira contribuição. Precisamente porque não quis usar a ocasião oferecida pelo *Greater Philadelphia Philosophy Consortium* no outono de 1990 para ensaiar um "diálogo de surdos", que tem até hoje caracterizado os debates entre teoria social crítica e filosofia pós-estrutural francesa, situei a definição aceita do momento pós-moderno para os propósitos desse debate entre nós, enquanto teóricas feministas, com referência ao trabalho de Jane Flax. Flax nos deu uma caracterização clara e convincente de alguns aspectos do difuso *Zeitgeist* chamado pós-modernismo, e é com referência a suas teses que iniciei a discussão. Butler também interpreta mal o espírito de minhas observações ao não levar a sério o que estava envolvido na tentativa de distinguir entre versões "fortes" e "fracas" das teses da Morte do Sujeito, da Morte da História e da Morte da Metafísica. Como argumentei em meu trabalho prévio sobre Jean-François Lyotard, ainda que eu veja o termo pós-moderno como útil para marcar uma ideia de consciência do tempo na cultura, na filosofia e na teoria social, meu desacordo com Lyotard está centrado em torno da caracterização desse "momento" e das opções conceituais político-filosóficas

---

1 Gerard Raulet, "Structuralism and Pos-Structuralism: an Interview with Michel Foucault", trad. Jeremy Harding, *Telos. A Quarterly Journal of Critical Thought*, n.55, p.195-211, 1983.

Debates feministas

que ele permite. O que chamei de "a Morte da Episteme de Representação" é, em minha visão, uma delineação mais precisa das transformações no campo da filosofia que constituem a condição pós-moderna.[2]

No centro do desacordo entre Butler e mim estão questões de subjetividade, individualidade e agência. Isso não é surpresa, já que questões de subjetividade e a contestação ao nosso entendimento tradicional de individualidade e agência são cruciais à conjuntura atual da filosofia e da teoria feminista. Como recentemente escreveu Rosi Braidotti, "se o pensamento feminista está claramente situado no campo da modernidade,

---

2 Surpreendi-me com a declaração de Butler em uma de suas notas de que "a mistura de Lyotard com uma variedade de pensadores sumariamente colocados sob a rubrica do 'pós-modernismo' é demonstrada pelo título e ensaio de Benhabib (Nicholson, 1989)". Em alguns de seus escritos sobre teoria estética, Lyotard insistiu em caracterizar sua posição como "alto modernismo", ou como seguidor do espírito da vanguarda modernista. A visão filosófica de Lyotard celebra o fim das grandes narrativas e da irreconciliável pluralidade de discursos, jogos de linguagem, estruturas abertas pelo fim de tais narrativas de legitimação. A "agonística da linguagem", identificada por Lyotard em *The Postmodern Condition*, não é alterada, apenas refinada e situada em relação à história da filosofia em seu trabalho subsequente, *The Differend*. Ver Lyotard (1984, p.10; 1988). A edição francesa é de 1983. Tratei mais extensamente da epistemologia e política na teoria de Lyotard em *The Differend* em "Democracy and Difference. The Metapolitics of Lyotard and Derrida", *Journal of Political Philosophy*, v.2, n.1, p.1-23, 1994; e em Apel (1993). Por que Butler acredita que discordar, até discordar violentamente, como discordo de Lyotard, é uma forma de desprezo pelo pensamento do outro? Um desacordo não é sinal de respeito pela importância da posição do interlocutor?

Seyla Benhabib • Judith Butler • Drucilla Cornell • Nancy Fraser

na crítica do sujeito, é porque as lutas das mulheres são uma das facetas da mesma 'crise' e atuam como um dos mais profundos rizomas ou raízes políticas e teóricas".[3] As visões de Judith Butler sobre a constituição performativa da identidade de gênero estão entre os escritos feministas mais originais e provocativos sobre a crise e a questão da subjetividade.

Onde está o desacordo? Por um lado, duvido que a teoria performativa de Butler sobre a constituição da identidade de gênero possa fazer justiça às complexidades das origens ontogênicas do gênero na pessoa humana; por outro, duvido que essa visão possa antecipar, indicar ou nos levar a repensar uma nova configuração da subjetividade. Em retrospecto, estou pronta a admitir que minha leitura de *Gender Trouble* à luz da teoria de Erving Goffman sobre a autoconstituição pode ter sido inadequada; por "performatividade" Butler não entende um modelo teatral, mas um modelo discurso-ação.[4] A seguir,

---

3 Braidotti (1991, p.11).

4 É verdade, como sugerem Judith Butler e Drucilla Cornell em suas respectivas réplicas, que esse debate também aborda a "ética da leitura". No entanto, acredito que a insinuação de que qualquer desacordo implica má interpretação ou compreensão falha é uma hipótese autoindulgente. Algumas vezes a incompreensão pode ser proposital e maliciosa e, nesses casos, não tem valor no debate intelectual; frequentemente, no entanto, a incompreensão surge entre interlocutores em razão de falta de clareza na formulação, diferenças nas tradições teóricas, estilos de expressão retórica ou más interpretações criativas. Se, para usar a expressão feliz de Harold Bloom, "toda leitura é uma má interpretação" [*all reading is a misreading*], também deve haver um momento criativo, um processo de aprendizado inesperado, um processo de iluminação entre interlocutores para um diálogo que force, atraia ou conduza a expressar, melhor e mais produtivamente, o que se "quis dizer", mas foi mal

Debates feministas

numa iluminadora explicação desse modelo, ela escreve [neste volume]: "Ser constituído pela linguagem é ser produzido dentro de uma dada cadeia de poder/discurso que está aberta à ressignificação, à relocação, à citação subversiva interna e à interrupção e à convergência inadvertida com outras cadeias semelhantes". O que significa ser "constituído pela linguagem"? As práticas linguísticas são o *lugar primário* em que deveríamos estar procurando por uma explicação para constituição de gênero? E as outras práticas, como estruturas de família, padrões de criação dos filhos, jogos infantis, hábitos de vestimenta das crianças, escolaridade, hábitos culturais etc.? Sem falar, é claro, da importância das palavras, das ações, dos gestos, das fantasias e da linguagem corporal dos pais – e, particularmente, da mãe – na constituição da identidade de gênero da criança. Em *Gender Trouble*, assim como em seu "pós-escrito", ainda vejo uma tendência no trabalho de Butler em, como diz Fraser, "privilegiar as metáforas linguísticas".[5] Em certo nível,

---

interpretado etc. Continuo achando que os tipos de crítica da teoria "performativa" de constituição de gênero que Fraser e eu levantamos contra Butler não são exemplos de leitura "descuidada" ou "má interpretação" proposital, e sim que eles foram ao centro de algumas implicações impensadas em sua teoria. A distinção, por exemplo, entre um conceito teatral e um conceito linguístico de performatividade não é nitidamente delineado em *Gender Trouble*. Em especial naquelas seções de *Gender Trouble* que lidam com *drag*, travestismo e a estilização das identidades de mulheres *machonas* (p.134 e ss.), as metáforas teatrais e goffmanescas da constituição de gênero, ao contrário das linguísticas, tornam-se proeminentes.

5 Há uma tensão interessante, quase uma fissura, no pensamento de Butler sobre o sujeito da constituição de gênero. É a fissura entre a teoria psicanalítica e o foucaultianismo. Na seção de *Gender Trouble*

Seyla Benhabib • Judith Butler • Drucilla Cornell • Nancy Fraser

concordo completamente com Butler que "as condições que permitem uma afirmação do 'eu' são dadas pela estrutura de significação, pelas regras que regulam a invocação legítima e

---

intitulada "Prohibition, Psychoanalisis, and the Production of the Heterosexual Matrix", Butler discute várias teorias psicanalíticas que veem a identidade de gênero – tanto homossexual quanto heterossexual – como uma "estrutura melancólica", gerada por uma recusa da perda do objeto de amor primário por meio de sua incorporação ao corpo (Butler, 1990, p.66 e ss.). Repetidamente, no entanto, o caminho aberto por essas reflexões psicanalíticas sobre luto e melancolia enquanto contribuições à formação da identidade de gênero é encerrado pelo tropo da "crítica discursiva/linguística", tomada de Foucault. Para citar Butler:

O esforço de localizar e descrever uma "sexualidade antes da lei" como uma bissexualidade primária ou como um polimorfismo ideal e sem restrições implica que a lei é antecedente à sexualidade... Mas, se aplicamos a crítica foucaultiana da hipótese repressiva ao tabu do incesto, aquela paradigmática lei da repressão, então se tem a impressão de que a lei produz tanto a heterossexualidade sancionada quanto a homossexualidade transgressiva. Ambas são, na verdade, *resultados*, temporal e ontogeneticamente posteriores à própria lei, e a ilusão de uma sexualidade anterior à lei é ela mesma a criação daquela lei. (Ibid., p.74)

Essa crítica foucaultiana, que enfatiza o desejo como um resultado da lei, e não anterior a ela, cria quebra-cabeças epistemológicos. A questão é: como sabemos se existem desejos sexuais marcadamente direcionados que precedem "a lei da cultura" ou se todo desejo humano é essencialmente plástico e adquire sua direcionalidade ao ser impactado pela cultura? A resposta é que não sabemos, e toda teorização sobre as "origens" do desejo é uma forma de especulação retroativa. Psicanálise é uma teoria retrospectiva que reconstrói as fontes do sofrimento humano no presente por meio da história passada do indivíduo. Não há marco zero nesse projeto de reconstrução; não há um momento, na análise individual ou na teoria, ao

Debates feministas

ilegítima daquele pronome, pelas práticas que estabelecem os termos de inteligibilidade pelos quais aquele pronome pode circular" (Butler, 1990, p.143). Os códigos da narrativa de uma cultura definem o conteúdo com o qual esse pronome "eu" será investido, os casos apropriados quando ele pode ser invocado, por quem e como.

---

qual podemos voltar e postular como sendo o ponto em que o desejo humano pôde ser observado em sua "forma original". Psicanálise é interminável. Na verdade, toda linguagem de causa e efeito é inadequada aqui. Ainda que só possamos conhecer o desejo humano retrospectivamente, enquanto refratado pelas leis da linguagem e da memória individual, não se pode dizer que o desejo é puramente linguístico e desaparece na linguagem sem deixar resíduo. A psicanálise insiste que há uma recalcitrância no âmago da sexualidade humana, que, apesar de só ser epistemologicamente acessível via meio da linguagem, não é "linguístico" em seu âmago. Se esse âmago é homossexual ou heterossexual ou perverso polimorfo é, creio, irrelevante e talvez nunca possa ser sabido. O ponto importante é que existe uma memória do corpo e uma materialidade da dimensão somática de nossa existência linguística para cada indivíduo. Essas não podem ser reduzidas à linguagem e à discursividade, ainda que sejam apenas epistemologicamente acessíveis por meio da linguagem e de outras formas linguisticamente interpretáveis de expressão, como gestos corporais, trejeitos, sintomas e fobias. Judith Butler (1993a) seguiu algumas dessas questões, em particular objeções ao construtivismo radical da estrutura de Foucault. Estranhamente, ao querer "linguistificar" o inconsciente e o desejo, a teoria crítica de Jürgen Habermas e a teoria do discurso de Foucault não são de todo opostas uma à outra. Ver Joel Whitebook, "Intersubjectivity and the Monadic Core of the Psyche: Habermas and Castoriadis on the Unconscious", *Praxis International*, v.9, n.4, p.347-365, jan. 1990; a sair em d'Entreves e Benhabib (1994). Ver também Whitebook (1995).

Seyla Benhabib • Judith Butler • Drucilla Cornell • Nancy Fraser

Ainda assim, o estudo histórico e cultural de códigos diversos de constituição da subjetividade, ou o estudo histórico da formação das práticas discursivas da individualidade, não responde à questão: que mecanismos e dinâmicas estão envolvidos no processo de desenvolvimento pelo qual a criança humana, um corpo vulnerável e dependente, torna-se um ser distinto com a habilidade de falar sua língua e a de participar nos complexos processos sociais que definem seu mundo? Tais dinâmicas e mecanismos permitiram que as crianças dos antigos egípcios se transformassem em membros daquela comunidade cultural tanto quanto crianças Hopi se tornassem indivíduos sociais. O estudo histórico de códigos diversos no âmbito cultural que definem a individualidade não pode ser equiparado com o daqueles processos sociais por meio dos quais uma criança humana se torna o indivíduo social, independentemente do conteúdo cultural e normativo que define individualidade em contextos sócio-históricos diferentes. No primeiro caso, estudamos *processos estruturais* e *dinâmicas de socialização e individuação*; no último, processos históricos e hermenêuticos de significação e constituição de sentido.

Nas reflexões conclusivas de *Gender Trouble*, Butler volta às questões de agência, identidade e política. Ela escreve:

> A questão de localizar a "agência" é usualmente associada com a visibilidade do "sujeito", na qual se entende que o sujeito tem alguma existência anterior ao campo cultural que é negociado. Se o sujeito é culturalmente construído, ainda assim ele é investido com uma agência, entendida de maneira usual como a capacidade de mediação reflexiva, que continua intacta independentemente de sua imersão cultural. Em tal modelo, "cultura" e "discurso"

Debates feministas

complicam o sujeito, mas não constituem o sujeito. Esse movimento de qualificação e complicação do sujeito preexistente pareceu necessário para estabelecer um ponto de agência que não é de todo *determinado* por cultura e discurso. Ainda assim, esse tipo de raciocínio presume falsamente que (a) a agência só pode ser estabelecida com o recurso a um "eu" pré-discursivo, mesmo se esse "eu" for encontrado no meio de uma convergência discursiva e (b) ser *constituído* pelo discurso é ser *determinado* pelo discurso, e que a determinação impede a possibilidade da agência. (Ibid.)[6]

A verdadeira questão é: como é possível ser constituído pelo discurso sem ser determinado por ele? Uma teoria do discurso-ação da constituição de gênero performativa não pode nos dar uma narrativa suficientemente densa e rica da formação de gênero que também explicaria as capacidades de agentes humanos para a autodeterminação. O que permite ao indivíduo "variar" os códigos de gênero de modo a resistir a discursos hegemônicos? Que fontes de criatividade e resistência psíquica, intelectual e outras devemos atribuir a sujeitos humanos para tal variedade ser possível?[7]

---

6 Ênfase no texto.

7 Alan Wolfe explica muito claramente o que acontece com teoria social e pensamento normativo quando conceitos de individualidade são negados. Tanto no pós-modernismo quanto numa ciência social de sistemas teóricos, Wolfe vê uma "falta de apreciação pelas capacidades de seres humanos em fazer, aplicar e interpretar regras, dando maior ênfase no caráter que segue regras. O preço pago pelo pós-modernismo por seu flerte com concepções algorítmicas de justiça é muito alto: a negação da liberação, do jogo e da espontaneidade que inspiravam no início as epistemologias radi-

Seyla Benhabib • Judith Butler • Drucilla Cornell • Nancy Fraser

A teoria da performatividade, mesmo que Butler quisesse distinguir constituição de gênero de constituição de identidade, ainda pressupõe uma visão incrivelmente determinística de processos de individuação e socialização que não satisfazem às reflexões sociocientíficas hoje disponíveis sobre o assunto.[8] A viabilidade de alguma forma de agência humana, no entanto, é decisiva para achar sentido empírico nos processos de desenvolvimento e maturação psicossexual.[9] Embarcar em uma investigação significativa dessas questões de onde estamos hoje não envolveria mais a decodificação de metáforas e tropos sobre o indivíduo, mas uma troca séria entre filosofia e outras ciências sociais como sociolinguística, psicologia interacionista social, teoria da socialização, psicanálise e história cultural.

Minha discussão com Butler em torno de questões de constituição de gênero, individualidade e identidade tem dois níveis: primeiro, que tipo de paradigmas empíricos de pesquisa social Butler privilegia em sua visão de constituição de gênero como performatividade? São eles adequados para explicar os processos ontogênicos de desenvolvimento? Segundo, que visão normativa de agência dá continuidade ou está implícita nessa teoria da performatividade? A teoria pode explicar as

---

cais". Em: "Algorithmic Justice", *Cardozo Law Review*, edição especial sobre "Deconstruction and the Possibility of Justice", v.11, n.5-6, p.1415, jul./ago. 1990.

8 Ver Heller, Sosna e Wellbery (1986).

9 Erikson (1963); Sanford (1966); Gertrude e Rubbin Blanck, "Toward a Psychoanalytic Developmental Psychology", *Journal of the American Psychoanalytic Association*, p.668-710, 1972; Jane Loewinger, "The Meaning and Measurement of Ego Development", *American Psychologist*, v.21, p.195-206, 1966.

Debates feministas

capacidades de agência e ressignificação que ela quer atribuir a indivíduos, esclarecendo assim não só a constituição do eu, mas também a resistência da qual esse mesmo eu é capaz diante de regimes de poder/discurso? Butler e eu concordamos que, enquanto teóricas, para entender as lutas das mulheres, de gays e lésbicas em busca de mudança nos códigos de gênero contemporâneos, devemos ao menos criar o espaço conceitual para pensar a possibilidade de agência, ressignificação, deslocamento subversivo.

Enquanto as discordâncias entre Butler, Cornell e mim são de natureza *interparadigmática*, enquadradas por diferentes tradições de pensamento filosófico, as diferenças entre Nancy Fraser e mim são *intraparadigmáticas* e envolvem problemas de grau e nuance, em vez de uma colisão de paradigmas teóricos. Como Fraser argumenta, pode ser que a antítese entre teoria crítica e pós-estruturalismo seja árida e desnecessária e que deveríamos ir além disso. No entanto, discordo quando ela diz que é "falsa". Existem aqui sérias diferenças e opções conceituais genuinamente diferentes.

Um dos pomos da discórdia entre Fraser e mim diz respeito ao seu (e de Linda Nicholson) chamado por uma "teoria feminista pós-modernista", que seria pragmática e falibilística, "que moldaria seu método e categorias à tarefa específica imediata, usando múltiplas categorias quando apropriado e recusando o conforto metafísico de uma única epistemologia feminista" [neste volume]. Tendo em vista sua preferência por esse paradigma de pesquisa, Fraser me repreende e reclama: "Em vez de demarcar a posição intermediária que seu argumento exige, ela conclui com dúvidas sobre a possibilidade de que a historiografia feminista possa ser pós-moderna em

173

Seyla Benhabib • Judith Butler • Drucilla Cornell • Nancy Fraser

qualquer sentido e ainda manter o interesse na emancipação" [neste volume]. Minha resposta é que a abordagem justa e de bom senso para moldar a teoria às tarefas imediatas, defendida por Fraser e Nicholson, não é pós-moderna. Fraser pode reconciliar seus compromissos políticos com uma simpatia teórica pelo pós-modernismo só porque, na verdade, ela substituiu o pós-moderno por historiografia e pesquisa social "neopragmática". Ao contrário do pluralismo pragmático das abordagens metodológicas guiadas por interesses de pesquisa, como defendido por Fraser, o que a historiografia pós-moderna apresenta é uma proliferação "estética" de estilos que, cada vez mais, ofusca as distinções entre história e literatura, narrativa factual e criação imaginária. Em um artigo de análise geral sobre tendências pós-modernas na historiografia, Frank Rudolf Ankersmit escreve:

> [...] em razão da incomensurabilidade das visões historiográficas — ou seja, o fato de que a natureza das diferenças históricas de opinião não podem ser satisfatoriamente definidas em termos de temas de pesquisa —, não nos sobra nada a fazer além de nos concentrarmos no estilo incorporado em cada visão histórica ou no modo de olhar para o passado, se quisermos garantir o progresso significativo do debate histórico. Estilo, não conteúdo, é a questão em tais debates. O conteúdo é derivativo do estilo.[10]

---

10 Frank Rudolf Ankersmit, "Historiography and Postmodernism", *History and Theory*, v.28, n.2, p.137-153, 1989. *Montaillou*, de Emmanuel Le Roy Ladurie, parece-me uma boa ilustração da historiografia pós-modernista. Será que Fraser pensaria que não há distinções que façam diferença entre os tipos de abordagem colecionadas em Bridenthal, Koonz e Stuard (1987), e a narrativa de *Montaillou*?

Debates feministas

Um debate recente entre duas eminentes historiadoras feministas revelou de modo bem claro algumas das "antíteses" conceituais e normativas envolvidas na construção metodológica de diferentes paradigmas históricos. Se pudermos, por um momento, deixar de lado a mais absolutamente fútil questão sobre Michel Foucault ser ou não pós-modernista e nos focarmos nas implicações de sua filosofia do discurso/poder para a pesquisa social e a historiografia, o debate entre Linda Gordon e Joan Scott é bastante oportuno na elucidação de algumas dúvidas que expressei sobre as implicações "emancipatórias" de certas estratégias de narrativa.

O exemplar do verão de 1990 da revista *Signs* trazia um debate entre Linda Gordon e Joan Scott que envolvia críticas de cada uma sobre o livro da outra e as respectivas respostas das autoras.[11] O *status* do sujeito e da subjetividade não é menos central aos debates sobre historiografia feminista contemporânea do que sobre filosofia e análise cultural. Depois de analisar a apresentação de Linda Gordon da história de violência familiar como era tratada e definida por assistentes sociais profissionais em três agências de proteção infantil de Boston, dos anos 1880 até os 1960, Scott observa que o livro de Gordon "tem como objetivo refutar teorias simples de controle social e rejeitar interpretações que enfatizem a natureza elitista das políticas de bem-estar social e a passividade de seus recipientes" (Ibid., p.849). Em seu lugar, Gordon propõe um modelo

---

11 Ver a análise de Joan Scott sobre Gordon (1988) e a análise de Linda Gordon sobre Scott (1988) em *Signs: Journal of Women in Culture and Society*, v.15, n.4, p.848-860, 1990.

175

Seyla Benhabib • Judith Butler • Drucilla Cornell • Nancy Fraser

interativo de relacionamentos, dependendo de qual poder é negociado entre membros da família e entre vítimas e agências de Estado. Joan Scott vê poucas evidências de mulheres como "agentes ativos" no livro de Gordon; e observa que o título da obra da interlocutora — *Heroes of Their Own Lives: the Politics and History of Family Violence* — "é mais um desejo do que realidade histórica, mais uma fórmula politicamente correta do que algo que possa ser substanciado pelas fontes" (Ibid., p.850). E a dificuldade metodológica é declarada de modo sucinto, em termos que imediatamente nos fazem pensar nas asserções de Butler examinadas antes sobre "construção social e cultural de agência". Escreve Scott:

> Uma conceitualização diferente de agência poderia ter evitado as contradições contra as quais Gordon se choca e ter mais bem articulado o complexo relacionamento entre trabalhadores assistenciais e seus clientes, evidente no livro. *Essa conceitualização veria a agência não como um atributo ou traço inerente na vontade de sujeitos individuais autônomos, mas como um resultado discursivo, nesse caso, o resultado das construções dos trabalhadores sociais sobre família, gênero e violência familiar. Levaria a sério a ideia de "construção" como algo que tem resultados sociais positivos. [Quase sempre, Gordon usa "construção" como se fosse sinônimo de "definição", mas definição não tem a materialidade conotada por "construção".]* Afinal de contas, foram as sociedades de bem-estar social que não só fizeram da violência familiar um problema a ser enfrentado, como também deram a membros da família um lugar no qual buscar apoio, um senso de responsabilidade, uma razão para agir e um modo de pensar sobre resistência [ênfase minha] (Ibid., p.851).

Debates feministas

Pode-se ver na crítica de Scott ao livro de Gordon um choque de paradigmas dentro da historiografia das mulheres[12] — um choque entre o paradigma da história social vinda de baixo usada por Gordon, cuja tarefa é iluminar as lutas de gênero, classe e raças por meio das quais o poder é negociado, subvertido, assim como resistido pelas assim chamadas "vítimas" da história, e o paradigma da historiografia, influenciada pelo trabalho de Foucault, em que a ênfase está na "construção" da agência das vítimas por meio de mecanismos de controle social e discursivo vindos de cima. Assim como, para Michel Foucault, não há história das vítimas, mas apenas uma história da construção da vitimização, uma história das agências de controle das vítimas, também para Scott aquilo que é metodologicamente central é a "construção social da violência familiar", e não as vidas reais das vítimas de violência familiar.[13] Assim como, para Foucault, cada ato de resistência é apenas outra manifestação

---

12 Em sua resposta a essas objeções, Nancy Fraser parece dizer que eu sugiro uma escolha forçada, uma alternativa "ou um ou outro" entre aqueles paradigmas; também há a insinuação de que eu talvez esteja diminuindo a tremenda contribuição de Joan Scott à historiografia feminista e à história das mulheres. Absolutamente não! Aprendi muito com o trabalho das duas acadêmicas; a questão é que me encontro em sério desacordo com Joan Scott quando ela parte para um nível metateórico e extrai de seus compromissos historiográficos uma epistemologia ou teoria social. Acho que, em algumas dessas considerações, Scott segue uma tradição honrada entre cientistas sociais que, a começar por Max Weber, frequentemente praticam uma coisa em sua pesquisa social e dizem outra em suas reflexões metodológicas sobre essa pesquisa.

13 Thomas McCarthy (1991, p.67 e ss.) explica de maneira muito sensível o desenvolvimento e as transformações das visões de Foucault sobre individualidade e agência.

Seyla Benhabib • Judith Butler • Drucilla Cornell • Nancy Fraser

de um onipresente complexo de discurso-poder, também para Scott as mulheres que negociam o poder e resistem a ele não existem; as únicas lutas em história são entre paradigmas de discurso rivais, complexos de poder-conhecimento.[14]

Vou ser cuidadosa aqui: como não sou historiadora profissional, não estou em posição de arbitrar a disputa entre Joan Scott e Linda Gordon quanto a seus méritos históricos. Em vez disso, chamo a atenção para algumas questões conceituais envolvidas. Na crítica de Scott ao livro de Gordon, vemos como premissas foucaultianas sobre a "construção de agência" social são justapostas à abordagem da história vinda de baixo, adotada por Gordon. Se concordamos com Joan Scott, seguimos um tipo de abordagem à historiografia feminista; e seguiremos outra, se estivermos com Gordon. É possível, cla-

---

14 Os déficits sociocientíficos do trabalho de Foucault – suas concepções inadequadas de ação social e movimentos sociais, sua inabilidade para explicar a mudança social, exceto como um deslocamento descontínuo de um regime de "poder/conhecimento" a outro, e seus conceitos tênues do eu e da formação de identidade – estão relacionados. Esses problemas têm estado no cerne da recepção crítica do trabalho de Foucault na Alemanha, em particular, enquanto nos Estados Unidos Foucault tem sido lido menos como um historiador social e cultural e um teórico social, e mais como um filósofo e crítico literário. O resultado é uma recepção acrítica da estrutura explanatória de Foucault. Em seu artigo "Foucault on Modern Power: Empirical Insights and Normative Confusions", publicado pela primeira vez em *Praxis International* (reproduzido em Fraser, 1989), Nancy Fraser chama atenção desde o início para essas dificuldades no trabalho de Foucault. Uma excelente análise das suposições sociológicas de Foucault, e particularmente da sua teoria da modernidade, pode ser encontrada no livro de Honneth, 1985, p.169-225 (trad. por Baynes, 1992).

Debates feministas

ro, que não seja preciso escolher entre uma e outra, que cada método e abordagem deva aprender e se beneficiar de forma recíproca. Ainda assim, antes que possamos sugerir uma posição de Poliana a todas as partes do debate, devemos esclarecer quais são os limites conceituais da historiografia pós-moderna para as feministas e outros. Linda Gordon me parece colocar a questão de maneira sucinta:

> Na verdade, as minhas diferenças com Scott atingem o núcleo das controvérsias contemporâneas sobre os significados de gênero. A perspectiva determinista de Scott enfatiza gênero como "diferença", marcado pela alteridade e por total silenciamento das mulheres. Eu uso gênero para descrever um sistema de poder no qual as mulheres são subordinadas em relações que são contraditórias, ambíguas e conflituosas — uma subordinação mantida contra a resistência, em que as mulheres nem sempre se definiram como diferentes, em que as mulheres enfrentam, tomam decisões e agem apesar da constrição. Essas são apenas duas das muitas versões de gênero, e não são de jeito algum opostas, mas podem iluminar as questões relevantes aqui.[15]

Vemos mais uma vez que essas antíteses não são falsas, mas bem reais: só o acordo ao final de metanarrativas históricas — sejam elas do tipo marxista, centradas em torno das lutas de classe, ou do tipo liberal, centradas em torno da noção de progresso — não é mais o suficiente. Ultrapassando tal acordo, começam as questões difíceis sobre a relação da historiografia,

---

15 Linda Gordon, "Response to Scott", *Signs: Journal of Women in Culture and Society*, v.15, n.4, p.852, 1990.

Seyla Benhabib • Judith Butler • Drucilla Cornell • Nancy Fraser

da política e da memória. Devemos abordar a história para dela recuperar as memórias das vítimas, batalhas perdidas e resistências malsucedidas, ou devemos abordar a história para dela recuperar a monótona sucessão de infinitos complexos "poder/conhecimento" que constituem as identidades individuais? Como salienta Linda Gordon, essas abordagens metodológicas também influem em como devemos pensar em "gênero".

Em ensaio anterior, "Gender, Sex and Equivalent Rights",[16] Drucilla Cornell atacou minha crítica sobre as locuções mistificadoras que parecem resultar do método de desconstrução que trata da identidade de gênero. Um debate mais sério sobre as virtudes e os limites da filosofia desconstrucionista contemporânea vai ter de esperar outra ocasião.[17] De forma mais geral, Cornell argumenta contra minhas afirmações, também atacadas por Butler, de que visões de identidade e agência que resultam de algumas filosofias francesas contemporâneas tornam incoerentes, problemáticas e conceitualmente confusas as próprias lutas das mulheres por autonomia, agência e igualdade. Retomando de modo elegante e hábil temas psicanalíticos lacanianos com a filosofia desconstrucionista, Cornell criou

---

16 Esse ensaio foi originalmente publicado em *Dissent* como "Sex-Discrimination Law and Equivalent Rights" [p.400 e ss., 1991] e incluído no original alemão de nosso debate com o título "Gender, *Geschlecht und gleichwertige Rechte*". Ver Benhabib et al. (1994, p.80-105). Expandi minhas observações originais, de modo a levar em consideração a nova contribuição de Cornell a este volume, "O que é feminismo ético?".

17 Em "Democracy and Difference. The Metapolitics of Lyotard and Derrida", *Journal of Political Philosophy*, v.2, n.1, p.1-23, 1994, ofereci um exame mais detalhado de alguns dos escritos políticos mais recentes de Derrida.

Debates feministas

para ela mesma uma voz única na interseção da teoria feminista e dos estudos legais críticos. Ainda assim, são a natureza e a coerência dessa síntese que eu questiono.

Quando escreve como teórica legal crítica, Cornell procede de uma crítica interna e imanente das normas do liberalismo e da jurisprudência americanas. Em seu ensaio, "Gender, Sex and Equivalent Rights", por exemplo, ela introduz uma distinção entre gênero, sexualidade e sexo, e então passa a criticar a opinião majoritária do juiz White no caso *Bowers v. Hardwick* que reduzia a homossexualidade à execução de atos de sodomia. A distinção entre sexo (características corporais, fisiológicas), identidade de gênero (a construção sociocultural e psíquica de um tipo "feminino" e "masculino" supostamente correspondente a essas diferenças) e sexualidade vivida (se uma mulher com características psicológicas femininas se expressa sexualmente como "fêmea" em uma relação com um homem, ou como macho ou fêmea em relação a outra mulher) é interessante e útil. De fato, ela permite a Cornell identificar de forma precisa a objetificação absoluta da identidade homossexual implícita na redução pela Suprema Corte da homossexualidade à execução de um tipo específico de ato físico – que, é evidente, casais heterossexuais também podem executar.[18] Mas tal dis-

---

18 Ver "Bowers v. Hardwick", *United States Report*, v.478, p.190-191, out. 1985. O juiz White escreve:

O caso não requer julgamento sobre a prudência ou proveito de estabelecer leis contra sodomia consentida entre adultos em geral ou entre homossexuais em particular... A questão apresentada é se a Constituição Federal confere um direito fundamental aos *homossexuais de praticarem a sodomia* e assim invalida as leis de muitos Estados que ainda consideram ilegal tal conduta e a

Seyla Benhabib • Judith Butler • Drucilla Cornell • Nancy Fraser

tinção pode ser concluída com base em um grande número de diferentes tradições psicanalíticas e filosóficas além da desconstrução. Trabalhos psicanalíticos feministas mais recentes nos Estados Unidos, como o de Nancy Chodorow e Jessica Benjamin, também operam com tais distinções.[19] Aceitar estruturas tão complexas e opacas como a psicanálise lacaniana ou a desconstrução de Derrida apenas com essas bases não é aceitável. Sei que, em outros lugares, Cornell apresentou argumentos mais extensos em nome dessas tradições.[20]

Ainda assim, se o relacionamento entre essas estruturas conceituais e a crítica de teoria legal empreendida por Cornell

---

têm assim considerado por muito tempo... nenhum dos direitos anunciados nesses casos [casos lidando com a privacidade dos direitos de casamento, procriação etc. – S.B.] tem semelhança ao alegado direito constitucional de homossexuais de praticarem atos de sodomia que é afirmado nesse caso.

19 Ver Chodorow (1989), e, em particular, os capítulos sobre "Gender, Relation and Difference in Psychoanalytic Perspective" e "Feminism, Femininity and Freud"; e Benjamin (1988). A fonte de meu ceticismo permanente em relação à psicanálise lacaniana é o fato de que Lacan não analisa a mulher enquanto sujeito de desenvolvimento psicossexual, só trata de fantasias masculinas sobre a mulher e investiga a criação do feminino para finalidades do imaginário masculino. Estou persuadida pelo argumento de teóricos psicanalíticos feministas de que desenvolvimentos psicossexuais masculinos e femininos não são simétricos e que a assimetria de gênero não pode ser simplesmente incluída de fora na estrutura lacaniana. Não entendo por que Cornell é tão impérvia a essa questão em sua contínua dependência da estrutura lacaniana. Ver Brennan (1989), em particular p.8 e ss., para uma exploração de algumas das mesmas questões. Ver também a crítica de Flax (1990, p.100 e ss.) sobre Lacan.

20 Ver Cornell (1991; 1992a).

Debates feministas

é contingente, o que isso sugere para a relação entre asserções políticas/legais normativas e posições filosóficas pós-modernas? Cornell acredita que a tarefa de expandir o imaginário feminino, de modo a reinscrever uma sexualidade feminina utópica, pode ser suficiente para a teoria e a política feministas? A verdade é que continuo cética quanto ao lugar do estético na política feminista, não porque eu despreze o estético, mas porque, como Max Weber e Jürgen Habermas, penso que a lógica do domínio do estético, a do ético, a do jurídico e a do político foram diferenciadas na sociedade moderna. Não há nenhum ganho político ou teórico com o apagamento dessas fronteiras, ainda que em uma cultura vital e em uma ordem social florescente elas devam interagir contínua, crítica e conflituosamente.[21]

Em seu trabalho enquanto teórica legal crítica, Cornell inevitavelmente usa o vocabulário político e legal das democracias liberais para criar o espaço institucional e discursivo dentro do qual articula as alegações das minorias sociais e sexuais oprimidas. Ouçam a linguagem de Cornell: usando a definição de Amartya Sen, ela entende direitos equivalentes como igualdade de capacidade e bem-estar, em que a capacidade "reflete a *liberdade de uma pessoa* para escolher entre modos diferentes de viver" (Sen); "como pode a capacidade reprodutiva das mulheres [...] ser *valorizada* e protegida legalmente?"; "a própria desvalorização do feminino e a definição de heterossexualidade como 'normal' dificultam que mulheres e homossexuais participem em sua comunidade sem *vergonha* de seu 'sexo' ou de

---

21 Tratei do problema da diferenciação de valor sob condições de modernidade em Benhabib (1986, p.256 e ss.).

Seyla Benhabib • Judith Butler • Drucilla Cornell • Nancy Fraser

sua 'sexualidade'"; "a divisão entre 'identidade sexual' normal, heterossexual e anormal, homossexual — *enquanto essa identidade for baseada em consentimento entre adultos* — é uma construção cultural" [ênfase minha]. Esta é a linguagem da "antiquada" teoria liberal-democrática humanista: o apelo a que a lei aumente a autonomia e a individualidade dos indivíduos em vez de silenciá-los e humilhá-los; a asserção da equivalência do valor e da dignidade humanos de minorias reprimidas — homens gays e mulheres lésbicas — e o apelo para que não mais fossem considerados "vergonhosos"; finalmente, a invocação do critério de "sexo consensual entre adultos", eliminando, assim, a homossexualidade forçada, o abuso de crianças e a pederastia das categorias de sexualidade que deveríamos proteger. Para mim, a persistência dessas locuções morais/legais/políticas "universalistas" não é um problema; só não vejo como ou por que Cornell acha que um projeto lacaniano ou derrideano é indispensável ou necessário para enquadrar essas alegações quando, na superfície, nem Lacan nem Derrida defendem a linguagem do humanismo democrático-liberal.

Como Cornell certamente sabe, "a aspiração a um relacionamento não violento com o Outro e com a alteridade de modo mais geral" é uma aspiração que partilhamos e que entra em nosso trabalho pela influência, em meu caso, do pensamento de Adorno e, no caso dela, de Lévinas e, também, de Adorno.[22] No entanto, acho essa formulação inadequada para distinguir entre a justiça e a ética. Justiça requer não apenas não violência, mas também respeito pela alteridade do outro por quem

---

22 Ver Cornell (1897, p.143 e ss.) e Benhabib (1986, p.327 e ss.).

Debates feministas

eu talvez não sinta nenhuma afeição ou, na verdade, por aquele cuja alteridade seja repugnante para mim. Para voltar ao exemplo anterior de *Bowers v. Hardwick*: uma das razões pelas quais essa decisão é injusta e reflete um dos piores momentos de oportunismo político na história da Suprema Corte, quando a conveniência política e a proteção dos direitos do Estado se tornaram uma máscara para a privação de direitos de uma minoria sexual, é o desrespeito desenfreado que a opinião majoritária demonstrou pela "alteridade do Outro". O juiz White et al. não precisavam ter simpatia, empatia ou compromisso ético com os homens homossexuais cujas vidas eles desaprovam; mas eles têm uma obrigação de respeitar seus direitos, como cidadãos, por serem diferentes e praticarem essa diferença. As difíceis questões legais e políticas começam no momento em que temos de definir o aceitável, o justo, os limites legítimos da diferença com os quais uma sociedade pode, ou aceitará, viver. A determinação de uma relação não violenta com o Outro é uma determinação ética que deveria permear atitudes cotidianas em instituições, assim como na mídia, na cultura em geral, em nossas relações pessoais. Ainda assim, apenas essa determinação não pode servir de base para a justiça: ao contrário, ela pressupõe uma justiça universalista por implicar que cada pessoa humana, não importa quão diferente de nós, deve ser tratada como alguém a quem se deve respeito. Se não distinguimos entre essa norma da justiça universalista e o conteúdo ético da determinação de uma relação não violenta com o Outro, deixamos a identidade do Outro perigosamente indefinida. Corremos o risco de aceitar definições de alteridade como aquelas às quais devemos uma obrigação especial por sermos

Seyla Benhabib • Judith Butler • Drucilla Cornell • Nancy Fraser

sermos membros dessa ou daquela comunidade. De modo a evitar definições etnocêntricas, religiosas, linguísticas, sexuais, raciais ou nacionais de alteridade, e a garantir que as normas da justiça universal sejam cumpridas, procurei diferenciar entre o Outro "generalizado" e "concreto".[23] O projeto de feminismo ético, que Cornell e eu partilhamos, pode ser baseado apenas na determinação de aspirar a uma relação não violenta com o Outro? Não acredito que essa determinação é conceitual ou politicamente rica e diferenciada o suficiente para servir como fundação para a crítica social.

Por "fundações normativas" da crítica social eu entendo a possibilidade conceitual de justificar as normas do respeito moral universal e a reciprocidade igualitária em termos racionais — nem mais, nem menos. Enquanto a maior parte de minhas colegas neste volume parece pensar que até isso, em certo sentido, é demais, penso que querer negar esse ponto é como pretender saltar sobre nossa própria sombra. A questão mais controversa não é se a justificação normativa é necessária — não sei como poderíamos funcionar sem ela — , mas se o universalismo moral e político é filosoficamente plausível sem essencialismo ou transcendentalismo de um tipo ou de outro. Já defendi uma justificação "não fundacionalista" para a teoria social crítica e expandi essa estratégia de justificação em *Situating the Self*.[24]

Teoricamente, deveríamos evitar cortar o tronco sobre o qual sentamos, enquanto usamos todas as oportunidades e possibilidades para podá-lo e fazê-lo florir a fim de refletir

---

23 Ver Benhabib (1992), em especial Introdução e p.148-178.
24 Ver Benhabib (1986; 1992).

Debates feministas

nossas diferenças enquanto mulheres; por isso meu apelo à reflexão sobre fundações que são, é claro, como observa Butler, contingentes, pois o próprio projeto da modernidade é um projeto histórico contingente. No âmbito político, devemos evitar duas alternativas problemáticas: por um lado, o uso conciliador de algumas normas e ideias para defender democracias capitalistas existentes como se elas fossem isentas de crítica; por outro, a ilusão *gauchiste* de pensar que é possível lutar pelos direitos das "minorias permanentes do liberalismo"[25] em qualquer outro terreno que não seja o espaço criado pelas lutas universalistas da modernidade desde as revoluções americana, francesa e russa e as várias lutas anti-imperialistas. Não devemos romantizar o "Outro" (como temo que Judith Butler faça em suas observações bem acríticas sobre Saddam Hussein). Desde os séculos XVI e XVII o projeto da modernidade tem sido global; nesse processo, não há "outros" uniformes, monolíticos.[26] Em qualquer cultura que tenha sido de alguma maneira tocada pelo processo de modernidade, encontramos aqueles que lutaram por liberdade, igualdade e dignidade humana e aqueles que resistiram a esses chamados. A teoria feminista está inevitavelmente presa à dialética da modernidade na qual ideais universalistas surgiram pela primeira vez e são continuamente contestados, evocados, desafiados e transformados.

---

25 Ver Shklar (1964, p.224).
26 Ver a série editada por Eisenstadt (1987).

6
Por uma leitura cuidadosa

Judith Butler

Março, 1994:

Como pós-escrito ao ensaio redigido em setembro de 1990, gostaria de responder às críticas articuladas por Seyla Benhabib e Nancy Fraser, além de oferecer algumas observações em resposta aos comentários de Drucilla Cornell para este volume. De certo modo, a publicação destes ensaios em 1995 já parece ultrapassada. "Fundações contingentes" foi uma palestra que escrevi em estilo polêmico, e não a escreveria do mesmo jeito hoje. Na época, acreditava estar em um conflito: o que entendia como uma resposta irracional e ansiosa à entrada do discurso pós-estruturalista na teoria feminista só poderia, pensava eu, ser combatida com um conjunto racional de réplicas às acusações.

Mas finalmente entendi o que devia ter sabido desde o início, ou seja, que a busca pelo sensato é, como sabia Nietzsche, local e instrumento de outros tipos de investimentos, aqueles que são difíceis, se não impossíveis, de revelar e, mais ainda, de mudar. No entanto, como essa tese não é admitida, há uma imobilidade que impregna esse debate. É uma situação triste, claro. E o trabalho deste volume me parece, ao final, entristecedor. De certo modo, o que o estrutura se mantém inexprimível pelos próprios termos nele utilizados. Pois saber se uma posição é certa, coerente ou interessante é, nesse caso, menos informativo do que saber por que ocupamos e defendemos nosso território, o que ele nos promete, do que ele promete nos proteger. Infelizmente, essa não é uma conversa que aconteça no contexto deste volume.

No lugar de um debate no qual poderíamos estar abertas a um conjunto de indagações que questionam nosso apego, às vezes irracional, a terrenos ou pressuposições de nosso modo de pensar, com mais frequência nos engajamos em uma espécie de "tomada de posição" em que nos defendemos das alegações das outras e nos recusamos a entender o que está em jogo na formação dessa alegação. E, nesse caso, fui tão culpada quanto qualquer outra. Peguei-me lendo *O Atlântico negro*, de Gilroy (1993, p.1-41) e considerando o interessante uso que ele faz da defesa da narrativa da modernidade de Benhabib. Ainda que ele conceda que a narrativa da modernidade, associada com concepções europeias de emancipação, exigiu e instituiu a escravidão, e que a instituição parece fragilizar as asserções feitas em nome de uma trajetória emancipatória para a história, ele também deixa claro que a luta para acabar com a escravidão faz uso importante e vital daquela mesma narrativa emancipatória. Essa me parece uma posição que, por um lado, admite a força excludente pela qual a narrativa "emancipatória" da modernidade procede, mas, por outro, insiste que essa narrativa está, na verdade, aberta à recontextualização e à ressignificação que trabalham para vencer essa exclusão. De maneira significativa

Debates feministas

para mim, essa é uma posição que insiste *tanto* nos resultados excludentes da narrativa modernista *quanto* no *status* revisável e rearticulável dessa narrativa como recurso cultural que serviu a um projeto coletivo de estender e aumentar as liberdades humanas. O ponto em que Gilroy parece se afastar de Benhabib é no tratamento da narrativa da modernidade como um recurso cultural, uma tradição ressignificável, com uma utilidade histórica, mas que não está ancorada em uma explicação transcendental da linguagem ou em seu conjunto implícito ou final de objetivos. Talvez isso possa ser chamado de apropriação pragmática do modernismo, mas, talvez ainda mais importante, isso afirme a utilidade política da descontextualização de tais narrativas, a condição da possibilidade de sua recontextualização: apropriação de uma narrativa para um fim político ao qual ela explicitamente não foi criada. Eu afirmaria a importância de uma tal (des)apropriação no contexto da política contemporânea. Enfatizaria que a apropriação de uma "fundação" sustenta sua utilidade pós-fundacional.

O que existe de politicamente imediato é um conjunto de desafios que são historicamente provisionais, mas que não são, por esse motivo, menos merecedores de engajamento. Na verdade, eu sugeriria que cometemos um erro fundamental quando pensamos que é preciso definir filosófica ou epistemologicamente nossas "fundações" antes de tentarmos avaliar o mundo de modo político ou de nos engajarmos de maneira ativa em seus problemas com o objetivo de transformação. A afirmação de que toda ação política tem suas pressuposições teóricas não é igual à afirmação de que tais pressuposições devem ser definidas antes da ação. É possível que essas pressuposições sejam articuladas somente na, e durante a, ação e se

Seyla Benhabib • Judith Butler • Drucilla Cornell • Nancy Fraser

tornem disponíveis apenas por meio de uma postura reflexiva que se viabilize com a articulação em ação. Definir de antemão as "normas" da vida política significa prefigurar os tipos de prática que se qualificarão como políticas e procurar negociar a política fora de uma história que sempre é, até certo ponto, opaca para nós no momento da ação.

Determinar normas, afirmar aspirações, articular as possibilidades de uma vida política mais marcadamente democrática e participativa é, ainda assim, uma necessidade. Eu afirmaria o mesmo para o contestado *status* de "universalidade". Nesse sentido, sou produtivamente antagonizada por Helga Geyer--Ryan em seu *Fables of Desire* [Fábulas de desejo][1] quando ela diz que "uma crítica virulenta de uma universalidade secretamente limitada só pode possuir um caráter retórico" (1994, p.181) e, depois, em termos que ecoam os de Gilroy, "a distorção partidária e o empobrecimento desses conceitos pelos interesses do domínio patriarcal não devem ser confundidos com o poder emancipatório que esses conceitos articularam no século XVIII e continuam a possuir hoje" (p.191). Apesar de questionar a equação implícita do retórico com o semanticamente vazio, admito que "universalidade" deveria ser objeto de uma desapropriação radical. O problema emerge, no entanto, porque o significado de "universal" varia, e a articulação cultural desse termo em suas várias modalidades vai funcionar justamente contra o *status* transcultural da alegação. Isso não significa que não deva haver referência ao universal ou que isso

---

1 Ver capítulo 11, "Enlightment, Sexual Difference and the Autonomy of Art".

Debates feministas

tenha se tornado, para nós, uma impossibilidade.[2] Ao contrário. Tudo o que significa é que existem condições culturais para articulação que não são sempre as mesmas, e que o termo ganha sentido para nós precisamente em função das condições culturais decerto não muito universais de sua articulação. Esse é um paradoxo encontrado por qualquer injunção para adotar uma atitude universal.

Pode ser que um conjunto de direitos seja considerado concedido universalmente em uma cultura e que, em outra, os mesmos direitos marquem o limite da universalização, ou seja, "se dermos àquelas pessoas aqueles direitos, estaremos debilitando as fundações do universal como o conhecemos". Isso se tornou especialmente claro para mim no campo dos direitos humanos de lésbicas e gays, em que "o universal" é um termo contestado e várias culturas e vários grupos de direitos humanos *mainstream* manifestam dúvidas quanto à inclusão de lésbicas e gays "no humano", e se seus direitos putativos se encaixam dentro de convenções existentes que governam a abrangência de direitos considerados universais.

Afirmar que existem convenções que governam a abrangência de direitos considerados universais não é o mesmo que afirmar que a abrangência dos direitos universais já foi definitivamente decidida. Na verdade, pode ser que o universal só esteja articulado de maneira parcial e que ainda não saibamos que forma vai tomar. Nesse sentido, o caráter contingente e cultural das convenções existentes que governam a abrangên-

---

2 Ver capítulos 1, 3 e 7 em Butler (1993a); ver também "Melancholy Gender/Refused Identifications", *Psychoanalytic Dialogues*, com resposta de Adam Philips e resposta à réplica, a sair, abr. 1995.

Seyla Benhabib • Judith Butler • Drucilla Cornell • Nancy Fraser

cia da universalidade não nega a utilidade ou a importância do termo "universal". Significa apenas que a reivindicação de universalidade ainda não recebeu uma articulação completa ou final e ainda está em questão se e como ela será mais articulada. Na verdade, pode ser politicamente importante afirmar que um conjunto qualquer de direitos é universal, mesmo quando convenções existentes que governam a abrangência da universalidade impedem justamente essa afirmação. Esta corre o bom risco de provocar uma rearticulação radical da própria universalidade. Se a afirmação é absurda, provocativa ou eficaz depende da força coletiva com a qual é reivindicada, das condições institucionais de sua reivindicação e recepção e das imprevisíveis forças políticas em funcionamento. Mas a incerteza de seu sucesso não é razão suficiente para não fazer a reivindicação.

Quando são feitas reivindicações concorrentes ao universal, parece imperativo entender que culturas não exemplificam um universal já pronto, mas que o universal é sempre articulado culturalmente e que o complexo processo de aprender a como ler essa reivindicação não é algo que qualquer um de nós possa fazer fora do difícil processo de tradução cultural. Essa não será uma tradução fácil, em que reduzimos cada instância cultural a uma universalidade pressuposta, nem será a enumeração de particularismos extremos entre os quais a comunicação é impossível. A tarefa que nos impõe a diferença cultural é a articulação da universalidade por meio de um difícil trabalho de tradução, uma tradução na qual os termos que se equivalem são transformados no processo e o movimento dessa transformação não antecipada estabelece o universal como aquilo que ainda será alcançado e que, de modo a resistir à domesticação, talvez não seja jamais alcançado total ou finalmente.

Debates feministas

O sentido de qualquer desses termos, no entanto, não será determinável fora dos conflitos, arranjos institucionais e condições históricas nas quais eles emergem. A atração de uma garantia transcendental, a promessa da filosofia para "corrigir a existência", no sentido ironicamente imaginado por Nietzsche, é que nos seduz a abandonarmos a dificuldade diária da vida política. Esse impulso de usar a filosofia para oferecer uma visão que irá redimir a vida, que a fará valer a pena, é o sinal de que a esfera do político *já* foi abandonada. Pois essa esfera será aquela em que as próprias construções teóricas – sem as quais imaginamos não poder dar um passo – já estão no processo de ser vividas sem base, sem âncoras, aos pedaços, mas também recontextualizadas, retrabalhadas, em tradução, como os próprios recursos com os quais se constrói uma política pós-fundacional. Na verdade, sua falta de base é a condição de nossa agência contemporânea, a condição fundamental para a pergunta: para que lado devemos ir?

É a necessidade permanente de literalizar a base, aquela âncora segura, aquela consolação transcendental e, assim, fundamentalmente religiosa, que nos impede de aprender, de ouvir e de ler como somos agora capazes de viver politicamente *in medias res*. Na verdade, eleger o pós-estruturalismo como base segura seria um equívoco tão grande quanto eleger a "pragmática quase transcendental". E por viver o político *in medias res*, não quero dizer viver o político como fluxo puro ou como mudança incessante. Isso é, evidentemente, tão impossível quanto indesejável.

É aqui que a ênfase de Drucilla Cornell na "transformação" parece central: como nos tornarmos acessíveis à transformação, a uma contestação que nos compele a repensar nós mesmos, a reconfigurar nosso "lugar" e nossa "base", se de antemão exigi-

Seyla Benhabib • Judith Butler • Drucilla Cornell • Nancy Fraser

mos saber que, como sujeitos, estamos intactos, não erodidos, incontestáveis, pressupostos e necessários? Tal certeza é uma necessidade política ou é a matéria da política defensiva, da territorialidade, a exclusão daquele futuro que constitui a opacidade necessária do que somos e a garantia do conflito insuperável como modo de vida? Que noção de "agência" será essa que já, e sempre, conhece sua base transcendental e só fala a partir dessa base? Estar assim baseado é quase estar enterrado: significa recusar a alteridade, rejeitar a contestação, recusar aquele risco de autotransformação perpetuamente colocado pela vida democrática; é dar vazão ao impulso do conservadorismo.

Grande parte do que está escrito como "réplica" foi finalizada em fevereiro de 1993. Tenho a impressão de que os desacordos que existem entre nós, pensadoras, talvez sejam menos salientes do que outros hoje proeminentes na vida intelectual pública. De muitas maneiras, fico surpresa com o que agora me parece o paroquialismo desses debates, pois nós quatro certamente não somos as representantes do "feminismo" ou da "teoria feminista" como articulada hoje em dia. Falta, neste volume, uma discussão contundente sobre o lugar da diferença racial no debate feminista contemporâneo. As questões éticas e políticas levantadas pelas tecnologias e pelos direitos reprodutivos; as questões éticas e políticas aventadas pelo discurso de vitimização que parece prevalecer no debate feminista público nos Estados Unidos e exemplificado pelo trabalho de Catharine MacKinnon; as divergências teóricas contemporâneas entre estudos de sexualidade e de gênero iniciadas pelos estudos de lésbicas e gays; os problemas transnacionais de traduzir objetivos políticos feministas e suas reivindicações de "universalidade"; o remapeamento do poder pela teoria feminista em

Debates feministas

maneiras que abranjam terrenos geopolíticos em movimento; a feminização e a racialização [*racialization*] da pobreza tanto nacional quanto internacionalmente.

Este volume também não fala das "guerras das teorias", pois, enquanto grupo, trabalhamos no terreno da filosofia e de sua crítica e, desse modo, mantemos a presunção de que a reflexão teórica tem relevância. Como resultado, no entanto, as importantes questões relativas ao *status* rarefeito da linguagem teórica, o lugar da narrativa *na* ou *enquanto* teoria, a possibilidade de um ativismo teórico, a tensão entre teoria e empirismo, o questionamento sobre o pós-estruturalismo ser a única teoria que conta como "teoria" não são aqui interrogados.

Nenhuma das questões tratadas aqui podem ser resolvidas ao decidirmos a favor ou contra "o sujeito", a favor ou contra a "modernidade" ou a "história progressiva", a favor ou contra a "norma transcendental". Essas noções entraram em uma crise histórica que não pode ser revertida por nenhuma quantidade de reflexão. Seria um erro, então, terminar este volume imaginando que ele constitui um "debate" sobre o valor ou a visibilidade de qualquer daqueles termos; a questão aqui é muito mais se qualquer desses termos pode servir de "base", ou se a sua contínua volatilidade é um sinal seguro de que eles perderam sua base, mas mantiveram sua força com consequências ambivalentes.

Fevereiro de 1993:

O que segue é uma réplica ponto a ponto que, espero, possa iluminar o que está em jogo no debate. Esse *não* é um debate entre pós-modernismo e crítica social porque não há ninguém

Seyla Benhabib • Judith Butler • Drucilla Cornell • Nancy Fraser

que afirme "defender" o pós-modernismo. Não considero meu trabalho "pós-moderno" e, na verdade, tentei explicar no ensaio algumas das razões pelas quais esse termo não é apropriado ao que proponho. O que está em jogo, em primeiro lugar, são algumas pressuposições de *fundacionalismo*, se elas podem ser garantidas de antemão e filosoficamente, e a qual custo. Em segundo lugar, o importante é recolocar a *agência dentro das matrizes de poder*.

Em relação à questão das fundações, eu reafirmaria que elas são (1) contingentes e indispensáveis e (2) delimitadas e garantidas em função de alguns movimentos excludentes. Nesse sentido, não sou uma "antifundacionalista". Por outro lado, o esforço de ler além do que escrevo, de modo a encaixar-me na caricatura do "pós-moderno" e do "antifundacionalismo", é interessante de entender, me parece, como uma postura intelectual defensiva. Pois tenho a impressão de que há uma resistência em ler, e ler atentamente, em um esforço de produzir um monólito chamado "pós-modernismo" do qual então me torno um mero sintoma. Espero que o que segue torne mais difícil impor essa construção falsificadora.

Para Benhabib, sobre "agência"

Benhabib escreve que "Butler [...] afirma [...] que devemos dar adeus ao 'praticante além da prática'", uma má leitura literal, pois o texto em meu livro e na *Genealogia da moral* de Nietzsche diz "praticante *atrás* da prática" [doer *behind* the deed] [ênfase minha]. Ela então continua a citação corretamente: "[...] não há identidade de gênero por trás das expressões de gênero; aquela identidade é constituída de maneira performativa

Debates feministas

pelas próprias 'expressões' que se acredita serem seu resultado" (p.42).[3] Benhabib continua e atribui a mim "uma teoria do eu" baseada nessa citação, ainda que a própria citação só suporte uma versão limitada de minha teoria de *gênero*. Na verdade, se eu fosse oferecer uma "teoria do eu", coisa que não faço, ela não seria redutível a uma teoria de gênero. E, ainda assim, Benhabib continua como se elas fossem a mesma: "Existe alguma possibilidade", ela pergunta, "de mudar essas 'expressões' que nos constituem?". Ao longo de *Problemas de gênero*, sugiro que mudança e alteração são parte do mesmo processo de "performatividade". Aqui, Benhabib escolhe não considerar qual significado de performatividade está sendo usado e segue com a redução de "constituição performativa" a um modelo comportamental em que o termo "expressões" representa a construção ou a modelagem de um ser social (Goffman parece ser o modelo para tal teoria). A noção de performatividade que uso, no entanto, vai na direção oposta àquela que Benhabib descreve como "não somos mais do que a soma total das expressões de gênero que interpretamos" (p.42).

O termo "performatividade" usado por mim é tirado de *How to Do Things with Words*, de J. L. Austin, e lido a partir do "Signature, Event, Context" (SEC), em *Limited, Inc.*, de Derrida, assim como da noção de *metalepsis* de Paul de Man, articulada ao longo de seus ensaios sobre Nietzsche em *Allegories of Reading*. Um ato performático é aquele que cria ou interpreta aquilo que nomeia, marcando assim o poder constitutivo ou produtivo do discurso. Enquanto aquele performático parece "expressar" uma intenção anterior, um praticante *atrás* da prática, aquela agência anterior só é legível *como resultado* daquela

---

3 Toda a paginação é deste volume.

Seyla Benhabib • Judith Butler • Drucilla Cornell • Nancy Fraser

expressão. Para o performativo funcionar, é preciso utilizar e recitar um conjunto de convenções linguísticas que tradicionalmente servem para ligar ou engajar alguns tipos de resultados. A força ou a efetividade de um performativo será derivada de sua capacidade de utilizar e recodificar a historicidade dessas convenções em um ato presente. O poder da recitação não é uma função da *intenção* de um indivíduo, mas um resultado das convenções linguísticas historicamente sedimentadas. Em "Signature, Event, Context", Derrida liga a noção de performatividade à *citação* e à *repetição*: "Pode uma expressão performativa ser bem-sucedida se sua formulação não repetiu uma expressão 'codificada' ou iterável ou, em outras palavras, se a fórmula que eu pronuncio, de modo a começar um encontro, lançar uma nave ou um casamento não for identificável como *de acordo* com um modelo iterável, se não for identificável de algum modo a uma 'citação'?". Ele escreve ainda: "Em tal tipologia, a categoria de intenção não desaparecerá; ela terá o seu lugar, mas daquele lugar não mais conseguirá governar toda a cena e o sistema de expressão" (SEC, 18).

Dito de outro modo, quando palavras engajam ações ou constituem elas próprias uma espécie de ação, elas o fazem não porque refletem o poder da vontade ou intenção de um indivíduo, mas porque usam e reengajam convenções que ganharam seu poder precisamente por meio de *uma iteração sedimentada*. A categoria de "intenção", ou na verdade a noção do "praticante", terá seu lugar, mas esse lugar não mais estará "atrás" do ato como sua fonte autorizadora. Se o sujeito – uma categoria dentro da linguagem e, portanto, distinta do que Benhabib chamará um "eu" – é performativamente constituído, a consequência

Debates feministas

é que será uma constituição *no tempo*, e que o "eu" e o "nós" não serão nem de todo determinados pela linguagem, nem radicalmente livres para instrumentalizar a linguagem como meio externo.

Ser constituído pela linguagem é ser produzido dentro de uma dada cadeia de poder/discurso que está aberta à ressignificação, à relocação, à citação subversiva interna e à interrupção e às convergências inadvertidas com outras cadeias semelhantes. A "agência" pode ser encontrada com precisão em tais conjunturas em que o discurso é renovado. Que um "eu" seja fundado por meio da recitação da localização linguística anônima do "eu" (Benveniste) implica que a citação não é interpretada por um sujeito, sendo, na verdade, a invocação pela qual um sujeito se torna ser linguístico. Que se trate de um processo repetido, um procedimento iterável, é *precisamente* a condição de agência dentro do discurso.[4] Se um sujeito fosse constituído de uma vez por todas, não haveria possibilidade de uma reiteração dessas convenções ou normas constitutivas. Que o sujeito seja aquele que deve ser constituído com repetição implica que ele está aberto a formações que não estão totalmente delimitadas de antemão. Por isso a insistência em achar agência *como* ressignificação em *Problemas de gênero*: se o sujeito

---

4 Utilizo discurso aqui na veia foucaultiana, distinto da "linguagem" falada ou escrita e de formas de representação e/ou construção de sentido. O discurso sobre sujeitos (seja ele sobre saúde mental, direitos legais, criminalidade, sexualidade) é constitutivo da experiência *vivida* e *real* de tais sujeitos, pois não apenas fornece relatos sobre sujeitos, mas acaba articulando as possiblidades nas quais os sujeitos adquirem inteligibilidade, ou seja, nas quais os sujeitos conseguem aparecer.

Seyla Benhabib • Judith Butler • Drucilla Cornell • Nancy Fraser

é um remanejo dos próprios processos discursivos pelo qual é trabalhado, então a "agência" deve ser encontrada nas possibilidades de ressignificação abertas pelo discurso. Nesse sentido, o discurso é o horizonte da agência e, também, a performatividade deve ser repensada como ressignificação. Não existe o "dar adeus" ao praticante, mas apenas à localização daquele praticante "além" *ou* "atrás" da ação. Pois a ação será ela mesma e o legado de convenções que ela reengaja, e também as possibilidades futuras que ela abre; o "praticante" vai ser o trabalho incerto das possibilidades discursivas pelas quais ele também é trabalhado. Isso é, sem dúvida, relacionado à afirmação de Lacan em *The Four Fundamental Concepts of Psychoanalysis*, de que cada ato é uma repetição. Assim, o "praticante" será produzido como o resultado da "ação", mas também constituirá o hiato dinâmico pelo qual os resultados performativos subsequentes serão atingidos.

Benhabib interpreta de modo errôneo a teoria da performatividade que ofereço ao reinstalar gramaticalmente o sujeito "atrás" da ação e ao reduzir a noção de performatividade citada a uma performance teatral: "Se não somos mais do que a soma total das expressões de gênero que interpretamos, existe alguma chance de parar a performance por um momento, de fechar as cortinas e só permitir que se abram novamente quando pudermos opinar na produção da própria peça?". Meu argumento é que não há possibilidade de nos colocarmos *fora* das convenções discursivas pelas quais "nós" somos constituídos, mas apenas a de retrabalhar as próprias convenções pelas quais somos habilitados. A performatividade de gênero não é uma questão de implantar de modo instrumental uma *masquerade*, pois tal constructo da performatividade pressupõe um sujeito

Debates feministas

intencional *atrás* da ação. Pelo contrário, a performatividade de gênero envolve o difícil trabalho de derivar a agência dos próprios regimes de poder que nos constituem e aos quais nos opomos. Por mais estranho que pareça, isso é *trabalho histórico*, retrabalhar a historicidade do significante, e nenhum recurso à identidade quase transcendental e inflados conceitos históricos vão nos ajudar nessa luta tão concreta e contraditória.

O que significa "situar" o feminismo ao mesmo tempo que se faz fundamental a esse feminismo uma individualidade transcendentalizada não situada? Seria esse o consolo de que o filósofo precisa para prosseguir, problematicamente imposto da cena da filosofia para a da política? Seria correto sugerir que qualquer teoria de agência deve deixar de ser constituída e habilitada no âmbito discursivo, de modo a prosseguir?

Considere que, de acordo com uma visão de agência, um sujeito é dotado de uma vontade, uma liberdade, uma intencionalidade que é então, em subsequência, "expressa" na linguagem, na ação, no domínio público. Aqui, "liberdade" e "vontade" são tratadas como recursos universais aos quais todos os humanos enquanto humanos têm acesso. O indivíduo que é composto de tais faculdades ou capacidades é, assim, frustrado por relações de poder que são consideradas externas ao próprio sujeito. Aqueles que conseguem ultrapassar tais barreiras externas de poder são considerados heroicos ou portadores de uma capacidade universal que foi subjugada por circunstâncias opressivas. Ainda que esse modelo emancipatório de agência tenha sido, decerto, inspirador para muitas pessoas subordinadas, e para as mulheres em particular, é crucial considerar o modo pelo qual esse paradigma para pensar a agência tem sido questionado em anos recentes. Além da estreiteza antropológica da noção

Seyla Benhabib • Judith Butler • Drucilla Cornell • Nancy Fraser

segundo a qual liberdade ou vontade persistem como invariantes universais transculturalmente, não há como responder à pergunta "como a construção do sujeito enquanto portador do potencial emancipatório pressupõe a própria 'agência' que deve ser explicada de dentro de complexas interrelações de poder, discurso e prática?". Em outras palavras, quais são as condições concretas sob as quais a agência se torna possível, uma questão muito diferente daquela da metafísica, o que é o eu cuja agência pode teoricamente ser garantida antes de qualquer referência ao poder?

O significado disso no campo político é que não há oposição ao poder que não seja ela mesma parte das engrenagens do poder, que a agência está implicada no que opõe, que a "emancipação" nunca será a transcendência do poder enquanto tal.

Benhabib interpreta mal o debate entre as historiadoras Linda Gordon e Joan W. Scott bem nesse ponto. Scott não argumenta que as mulheres que procuram o Estado em busca de compensação pela violência familiar carecem de agência; pelo contrário, ela pergunta o que pode significar para essa agência o fato de relações concretas do discurso e poder condicionarem e limitarem a própria possibilidade de fazer qualquer petição desse tipo. Como deixaram claro as teóricas feministas do Estado regulador, as próprias burocracias com que as mulheres buscam compensação também podem constituir os meios governamentais para voltar a subordiná-las. Assim, não é uma questão de existir ou não evidência para a agência nos materiais que Gordon oferece, mas de como explicar a agência que existe. Ela deve ser inferida a partir da estrutura da individualidade, separada de suas relações constitutivas sociais e discursivas, ou estará implicada desde o início nas relações sociais e discursi-

Debates feministas

vas que tanto condicionam quanto limitam a produção de tais reivindicações? Em uma leitura, agência é um atributo das pessoas, pressuposta como anterior ao poder e à linguagem; em outra, agência é o resultado de condições discursivas que, por essa razão, não controlam seu uso. Não é uma categoria transcendental, mas uma possibilidade contingente e frágil aberta em meio a relações constitutivas. Afirmar que Scott se opõe à agência é recusar a leitura do desafio que ela propõe de teorizar a agência. Afirmar que Scott se limita a entender as mulheres como apagadas é deixar escapar o ponto central de seu ensaio, ou seja, determinar o que estabelece agência dentro das próprias relações de poder que constituem as mulheres enquanto seres ativos. A grande importância emocional dessa reformulação é confirmada pelo fato de que Benhabib inexplicavelmente deixa de ler a exata passagem de Scott que ela cita em sua "Réplica", na qual fica clara a posição de Scott.

Para Fraser, sobre "capacidades críticas"

Enquanto Fraser parece apreciar que existe um repensar de "agência" como ressignificação, ela traz mais duas questões. Uma diz respeito ao potencial anti-humanista e esotérico da linguagem que uso com "a própria possibilidade do poder de ser retrabalhado" e "o processo significante". Tais figuras de linguagem estão distantes "dos modos cotidianos de falar e pensar" e, por isso, levantam dúvidas sobre o impacto político que podem ter.

Aqui eu replicaria que provavelmente não é o "esoterismo" que preocupa Fraser, cuja própria linguagem está cheia de locuções habermasianas e da Escola de Frankfurt que são da mes-

Seyla Benhabib • Judith Butler • Drucilla Cornell • Nancy Fraser

ma forma distantes "dos modos cotidianos de falar e pensar". De fato, se entendo as figuras linguísticas de Habermas e a preocupação partilhada por Fraser ao pedir "autorizações" e "validade", elas se baseiam na premissa de que a *língua ordinária não pode prover bases definitivas para adjudicar a validade de suas próprias reivindicações* (as pressuposições implícitas da língua ordinária precisam ser explicitadas por de uma reflexão quase transcendental que é, de fato, não ordinária). Se estou certa de que esse é precisamente o ponto de vista de Fraser, assim como a base para seu apelo por fundamentos normativos, então ela se contradiz de todo ao usar "língua ordinária" como base a partir da qual examina o provável impacto político de minha prosa.

Discurso não são meramente palavras faladas, mas uma noção de significação relacionada não somente com o modo como alguns significantes passam a ter o significado que têm, como também de que maneira algumas formas discursivas articulam objetos e sujeitos em sua inteligibilidade. Nesse sentido, "discurso" não é usado no sentido ordinário, mas extraído do trabalho de Foucault. O discurso não apenas representa ou relata práticas e relações preexistentes, mas entra em sua articulação e é, assim, produtivo.

Ao longo da formulação de sua segunda objeção, Fraser afirma que "'ressignificação' carrega... uma carga positiva" em meu trabalho e pergunta por que a ressignificação é tão boa (p.108). Na verdade, meu ponto é que a ressignificação é o terreno em que certo conjunto de "possibilidades agenciais" pode ser discernido e derivado, e que tal terreno de possibilidade é *imanente* ao poder. Minha questão não é se alguns tipos de significação são bons ou maus, autorizados ou desautorizados,

Debates feministas

mas, em vez disso: o que constitui o terreno da possibilidade discursiva dentro do qual e sobre o qual tais questões podem ser inseridas? Meu argumento é que a "crítica", para usar os termos de Fraser, é sempre *imanente* ao regime de discurso/poder cujas alegações ela procura adjudicar, o que significa que a prática da crítica está implicada nas próprias relações de poder que procura adjudicar. Não existe um lugar puro, externo ao poder, pelo qual a questão da validade possa ser levantada no ponto em que a validade é levantada, ela sempre é também uma atividade do poder.

No que parece ser uma objeção à parte, Fraser escreve "Como [Foucault], ela insiste que os sujeitos são constituídos por meio da exclusão", e, logo a seguir, ela oferece uma frase cuja intenção parece ser de paráfrase: "Algumas pessoas são autorizadas a falar com autoridade, enquanto outras são silenciadas" (p.109). A paráfrase tem como base uma má leitura do texto, pois para mim o que está em jogo não é quem é autorizado a falar ou quem é desautorizado e obrigado a ficar em silêncio. Essa formulação sugere que já existem sujeitos que estão formados, dos quais alguns falam, enquanto outros estão silenciosos e silenciados. Minha questão é como um "sujeito" consegue se formar, e aqui eu sugeriria que nenhum "sujeito" passa a existir como ser falante, exceto com a repressão de algumas possibilidades de discurso (essa é a importância da psicose enquanto discurso impronunciável); além disso, sujeitos são formados por relações de *diferenciação* (uma posição que eu tomo da psicanálise e da relação entre parentesco, formação psíquica e linguagem). O sujeito que emerge como ser falante é capaz de citar a si próprio como um "eu" e estabelecer pro-

207

Seyla Benhabib • Judith Butler • Drucilla Cornell • Nancy Fraser

visionalmente por exclusão os contornos linguísticos de seu "eu-próprio". A formação excludente do "sujeito" não é boa ou má, mas, ao contrário, uma premissa psicanalítica que pode ser usada de modo útil a serviço de uma crítica política. Pois algumas versões do sujeito, entendidas como figuras de domínio e vontade instrumental, foram convencionalmente marcadas como masculinas e exigiram a de-sujeitização [*de-subjectivation*] do feminino. Essa é uma permutação consequente no contexto político da formação excludente do sujeito, mas não a única. Na verdade, eu adotaria com alegria como minhas as perguntas feitas por Fraser sobre essa formação: "Podemos superar ou, pelo menos, melhorar as assimetrias nas práticas atuais de subjetivação? Podemos construir práticas, instituições e formas de vida nas quais o empoderamento de alguns não acarrete o desempoderamento de outros? Se não, qual a razão da luta feminista?" (p.109).

Nicholson levanta essa questão em sua introdução, perguntando como é possível que eu possa, em bases feministas, objetar a uma formação excludente do sujeito e, em seguida, alegar que a formação excludente do sujeito não é boa ou má. Pode ser esclarecedor, então, considerar que, enquanto cada sujeito é formado por meio de um processo de diferenciação, e que o processo de se tornar diferenciado é uma condição necessária da formação do "eu" como um tipo limitado e distinto de ser, existem formas melhores e piores de diferenciação, e que os tipos piores tendem a desprezar e degradar aqueles de quem o "eu" é distinto. Tentei considerar esse problema da abjeção em *Bodies That Matter* e explorar as consequências melancólicas para a formação do ego de uma diferenciação que toma a forma

Debates feministas

de repúdio. Se o "eu" que sou exige a abjeção de outros, então esse "eu" é fundamentalmente dependente dessa abjeção; na verdade, essa abjeção está instalada como a condição desse "eu" e constitui a postura de autonomia como internamente enfraquecida por seus próprios repúdios fundadores. Minha objeção a essa forma de repúdio é que ela enfraquece o sentimento de individualidade, estabelece sua autonomia ostensiva em bases frágeis e requer um repúdio repetido e sistemático dos outros, de modo a adquirir e manter a aparência de autonomia. Isso significa, é claro, que me oponho ao repúdio e à abjeção como meios pelos quais uma "autonomia" ostensiva é produzida, e tentei no texto mencionado traçar algumas das mais lamentáveis consequências desse processo na articulação às vezes rancorosa da política identitária. Meu apelo, então, é pelo desenvolvimento de formas de diferenciação que levem a comportamentos do indivíduo fundamentalmente mais amplos, generosos e "não ameaçados" dentro da comunidade. Que um "eu" seja diferenciado de outro não quer dizer que o outro se torna inaceitável em sua diferença, nem que deva se tornar estruturalmente homólogo ao "eu", de modo a partilhar a comunidade com esse "eu". No nível da comunidade política, é necessário que se faça o difícil trabalho de tradução cultural na qual a diferença seja respeitada sem (a) assimilar diferença à identidade ou (b) fazer da diferença um impensável fetiche ou alteridade.

E se alguém quiser saber como eu *fundamento* a alegação de que uma comunidade assim é melhor do que uma baseada no repúdio e no desprezo, é importante lembrar que qualquer fundamento que possa ser oferecido teria de ser comunicado

Seyla Benhabib • Judith Butler • Drucilla Cornell • Nancy Fraser

e, assim, se tornar sujeito do mesmo trabalho de tradução cultural que está sendo obrigado a fundamentar.

Finalmente, Fraser pergunta se alguns tipos de fundacionalismo não tiveram resultados emancipatórios e, se tiveram, se isso não constituiria uma boa razão política para manter o fundacionalismo. Ela dá como exemplo "a Revolução Francesa e a apropriação de sua visão fundacionalista da subjetividade pelo 'Jacobino Negro' haitiano, Toussaint de L'Ouverture" (p.110). Mas o exemplo de Fraser corrobora minha posição, pois, se Toussaint de L'Ouverture se "apropria" de uma visão fundacionalista da subjetividade da Revolução Francesa, então essa "visão" é tomada e relocalizada, "ressignificada" em termos haitianos; tomada de outro lugar, relocalizada estrategicamente, essa visão da subjetividade *não* é uma fundação, não está lá desde o início, não é pressuposta, mas instituída por meio de uma citação subversiva e da relocalização. Essa é, portanto, uma "fundação" que se move e que muda enquanto se movimenta, e sou a favor justamente porque vejo possibilidade nisso.

Fica claro que, para determinar objetivos políticos, é necessário declarar julgamentos normativos. De certo modo, meu próprio trabalho tem se preocupado em expor e mitigar as crueldades pelas quais os sujeitos são produzidos e diferenciados. Admito que esse não é o único objetivo e que há questões de justiça social e econômica que não estão primariamente interessadas em aspectos da formação do sujeito. Para essa finalidade, é crucial repensar o terreno das relações de poder e desenvolver uma maneira de adjudicar normas políticas sem esquecer que tal adjudicação também será sempre uma luta de poder.

Debates feministas

Março, 1994:

Para Cornell, sobre o Outro

Cornell releu Lacan em uma veia irigarayana, afirmando que o "feminino" dentro do simbólico masculino é incomensurável com o "feminino", pois existe fora e além desses parâmetros simbólicos.[5] A dialética do reconhecimento que podemos esperar de dois sujeitos simetricamente posicionados não é, assim, uma possibilidade entre o "masculino" e o "feminino", pois o "feminino" será sempre apagado pela posição simbólica de falta na qual é inserido. Assim, com uma posição que parece em princípio chocar-se com noções aceitas de igualdade, Cornell vai argumentar que o reconhecimento ético consistirá sempre de um fracasso em compreender o outro. O limite do reconhecimento no sentido de compreensão é, paradoxalmente, o advento de reconhecimento ético, entendido como o reconhecimento dos limites da compreensão.

Assim, Cornell recoloca tanto o "masculino" quanto o "feminino" como posições simbólicas, que adquirem sua importância para nós dentro dos termos de uma assimetria sistemática. Por um lado, concordo com Cornell que tanto o "masculino" quanto o "feminino", estritamente falando, não existem: eles não pertencem ao reino da realidade. É nesse sentido que Cornell vai argumentar que o feminino é uma "impossibilidade", mas uma impossibilidade que continua a exercer

---

5 Para uma discussão mais longa sobre o trabalho de Drucilla Cornell, ver meu "Poststructuralism and Postmarxism", em *Diacritics*, v.23, n.4, p.3-11, s./d.

Seyla Benhabib • Judith Butler • Drucilla Cornell • Nancy Fraser

sua força e seu sentido no terreno da realidade. Concordo com ela na compreensão da feminilidade como um ideal impossível, que compele uma mímica diária passível de, por definição, nunca ter sucesso em seu esforço de se aproximar desse ideal. Por outro lado, eu ressaltaria que essas "impossibilidades" governantes são produzidas socialmente de maneiras complexas e questionaria se o esquema lacaniano de simbólico e imaginário pode explicar as formas complexas e divergentes com que esses ideais impossíveis são criados e mantidos.

Em minha opinião, essas idealizações são subscritas por figuras de abjeção que não se mostram dentro do conjunto de posições simbólicas articuladas por Lacan. Como esse simbólico é circunscrito e por meio de quais exclusões? O que é considerado identidade "inteligível", e será só o "feminino" que opera dentro do terreno simbólico como sinal de seu limite e impossibilidade? Enquanto o simbólico codifica um conjunto de idealizações, ele é constituído pelo imaginário que afirma governar. Nesse sentido, o simbólico nada mais é que a reificação de um imaginário oferecido, e, no caso de Lacan, esse é o imaginário heterossexual. Em seu sentido, nem o "masculino" nem o "feminino" podem ser mantidos sem a pressuposição da assimetria estrutural da heterossexualidade. O que significa estar "fora" ou "além" tanto do "masculino" quanto do "feminino" nesse caso? Essa região ainda está para ser mapeada, mas seu mapeamento vai exigir repensar o poder governante do simbólico como o pré-requisito heterossexualizante pelo qual a viabilidade do sujeito, masculino ou feminino, é linguisticamente instituída.

Minha impressão é que devemos começar a pensar a convergência e a formação recíproca de vários imaginários e que

Debates feministas

a diferença sexual não é nem mais primária que outras formas de diferença social, nem sua formação é compreensível fora de um mapeamento complexo do poder social.

Da mesma forma que Cornell, entendo a noção desconstrutiva de "exterior constitutivo" como central à compreensão crítica de como o sujeito é formado, como é estabelecido o simbólico enquanto horizonte limitante e como a política é, assim, forçada a se mover além da análise do que já é dado. O que é "externo" não é simplesmente o Outro – o "não eu" –, mas uma noção de futuridade – o "ainda não" –, e esses constituem o limite definidor do próprio sujeito. Mas essa noção do "externo constitutivo" tem também outra valência: o impossível de ser dito, o não representável, o socialmente ininteligível. Esse "exterior" é o que *não pode* ou *não deve* ser representado ou compreendido? O feminino, o sublime ou (e?) aquilo que é por demais degradado e impensável para admitir no terreno da representação: o desprezado como tal? Pode ser que essa seja a própria questão colocada pela alteridade definidora, a questão que estabelece o limite como desafio ético: o que aparece como radicalmente Outro, como exterioridade pura, será aquilo que recusamos e desprezamos como inexprimivelmente "Outro", ou irá constituir aquele limite que contesta ativamente o que já compreendemos e já somos? Este último é o limite enquanto condição para nosso movimento em direção à alteridade, nossa potencial transformação em razão daquele [e desse] encontro autolimitante.

7
Repensando o tempo do feminismo

Drucilla Cornell

Judith Butler e eu partilhamos um sonho – um sonho de que clichês amarrados juntos, supostamente para darem sentido a "algo" chamado "pós-modernismo", sejam desassociados de diversos pensadores que foram etiquetados como "pós-modernistas". Já argumentei que "pós-modernismo" é um termo que deveria ser guardado para descrever rupturas específicas com o alto modernismo da vanguarda, e que essas rupturas devem ser cuidadosamente definidas dentro da esfera particular do empreendimento artístico sob consideração. O termo "pós-modernismo" deveria ser separado de "pós-modernidade", quando "pós-modernidade" é entendida como um período histórico identificável com um conjunto "positivo" de características que o distinguem da modernidade. Questiono até mesmo a adequação de "pós-modernidade" como descrição, seja de um conjunto de hipóteses passíveis de serem associadas com um grupo específico de pensadores ou de uma série de rejeições normativas e políticas que podem, com sucesso, indicar um período histórico único (Cornell, 1992a, p.1-12). Também já argumentei que pensadores que são frequentemente identifi-

Seyla Benhabib • Judith Butler • Drucilla Cornell • Nancy Fraser

cados como pós-modernistas, como Jacques Derrida e Emmanuel Lévinas, rejeitam explicitamente um conceito de história que aceitaria esse tipo de periodização rígida (Ibid., p.10-12). Mas a base para a minha preocupação não é simplesmente o respeito pela fidelidade textual, que é uma preocupação ética remanescente no coração da desconstrução, mesmo quando entendida como uma prática de leitura (Ibid., p.81-83). O que de fato me preocupa é que a própria articulação do que o "pós--modernismo" supostamente "é" obscurece tópicos cruciais na teoria feminista. Essa articulação identifica de forma equivocada o que está em jogo no debate entre feministas alinhadas a pensadores pós-modernos, como Butler e eu, e aquelas como Seyla Benhabib, que continuam amarradas a uma interpretação particular da Teoria Crítica Alemã. Concordo completamente com Nancy Fraser que nenhuma antítese simples pode ou deve ser esboçada entre Teoria Crítica e o assim chamado "pós-modernismo".

Há uma aliança fundamental entre minha compreensão do feminismo ético e um programa de investigação social crítica defendido nos primeiros anos da Escola de Frankfurt. Como Theodor Adorno e Max Horkheimer, eu insistiria que tal programa de pesquisa crítica e social deve integrar a psicanálise. Minha consideração é que dentro do contexto do feminismo tem de haver um relato da escassez de simbolizações para o feminino dentro da diferença sexual e do porquê de a própria escassez da simbolização dever ser explorada como aspecto decisivo da pesquisa social. Ao caracterizar minha posição como baseada no uso da psicanálise como fundacional, Fraser entende mal o papel "crítico" que atribuo à minha própria apropriação de Lacan. Ela não consegue entender como a motivação

Debates feministas

inconsciente e a construção da fantasia social devem ser a base de qualquer programa de pesquisa social, um que precisaria, é claro, incluir a investigação histórica sobre o significado de mulher e mulheres e como as mulheres têm lutado para mudar seu destino. Até os mais técnicos instrumentos de investigação da realidade social, como análise regressiva, exigem uma explicação cuidadosa de como as variáveis em jogo foram avaliadas. Essa avaliação requer que entendamos completamente a motivação inconsciente e a fantasia social diferenciadas por contextos culturais. Além disso, não há nada fundacional ou universalista sobre esse programa de pesquisa social crítica, particularmente na minha insistência de que gênero é mais bem entendido como um sistema codificado de diferenciação estratificada, incompatível com a mudança histórica para a diferenciação funcional da modernidade; ou seja, uma análise histórica. Na verdade, minha própria compreensão da pesquisa social crítica simpatiza profundamente com a exigência ética pela sensibilidade à diferença cultural e à diversidade histórica. Ironicamente, a falta de ênfase em motivação inconsciente e fantasia social na pesquisa empírica pode ser ela mesma analisada como aspecto de uma questionável suposição eurocêntrica sobre a "natureza" da realidade social.[1] Mas apesar da minha insistência na centralidade de um programa de pesquisa social crítica, as aspirações políticas e éticas do feminismo não podem ser reduzidas a tal programa.

Isso me leva a outro aspecto de meu desacordo com a interpretação de Fraser sobre minha apropriação crítica de Lacan. Ela diz que minha explicação supostamente "fundacionalista" –

---

1 Ver Obeyesekere (1990).

Seyla Benhabib • Judith Butler • Drucilla Cornell • Nancy Fraser

e, em consequência, a-histórica – limita as possibilidades da luta histórica. A verdade é exatamente oposta: eu inverto as conclusões de Lacan sobre a impossibilidade do feminismo e reinterpreto eticamente a possibilidade inerente na asserção de Lacan de que não há base para Mulher no simbólico masculino. Acredito que o feminino dentro da diferença sexual não pode ser reduzido ou limitado filosoficamente por nenhuma das designações atuais. O feminismo exige nada menos do que a liberação do imaginário feminino – um imaginário tornado possível, paradoxalmente, pela falta de fundamentação do feminino em qualquer das identificações que conhecemos e imaginamos sobre Mulher. Minha reinterpretação da impossibilidade da Mulher não nos cola à lógica do falogocentrismo, como Fraser sugere. Em vez disso, ela abre infindáveis possibilidades para a reelaboração da diferença sexual. Fraser também entende mal minha "concepção" de linguagem. Meu argumento, seguindo Wittgenstein, é que um campo linguístico não pode ser totalizante. Uso minha apropriação crítica de Lacan para considerar que esse fracasso de "totalização" pode nos ajudar a entender o inconsciente sem instalar suas raízes nos impulsos reprimidos. Mas minha insistência na importância da psicanálise significa que nego a importância da história?

Significa que afirmo não haver diferença histórica entre sociedades nas alternativas para luta política feminista? Claro que não. Inevitavelmente negociamos e, na verdade, descobrimos as possibilidades de mudança em função do confronto com limites que nos são impostos por nosso tempo. A própria palavra "feminista" é intimamente relacionada com as revoluções democráticas do Ocidente. Mas foi precisamente essa

Debates feministas

"ocidentalização" do termo que fez com que algumas mulheres negras suspeitassem que a palavra não pode ser separada das suas raízes ocidentais e, mais especificamente, do imaginário imperialista. Assim, somos eticamente intimadas a investigar o sentido histórico dado à categoria de "feminismo".

A afirmação de que ignoro a história não entende o que quero dizer por filosofia do limite e sua relevância para o feminismo. Minha consideração filosófica é apenas que nenhum sistema social e simbólico impede, e não pode totalmente impedir, a possibilidade da resistência das mulheres. Apliquei essa observação à minha analepse de gênero como um sistema estratificado de diferenciação de gênero que opera em culturas em que a linhagem patriarcal reforça e expressa o triângulo edipiano. A teoria de sistema de Niklas Luhmann sobre a qual me baseio não é nem totalizante nem metafísica.[2] Sem reflexão filosófica sobre como a história é moldada pelas categorias nas quais está investida, arriscamos ver resistência apenas em nossos termos. Como resultado, podemos deixar de avaliar adequadamente ou até mesmo *ver* as lutas de mulheres de culturas e classes diferentes como ações que "contam" a partir de uma perspectiva feminista. Posto de forma simples, a história não está meramente ali; ela está ali como é conhecida. A filosofia nos ajuda a refletir sobre como a história é conhecida, parcialmente com o descarte do que não vale a pena ser estudado. A investigação crítica de categorias históricas e de pressuposições normativas contrabandeadas para dentro dessas categorias suaviza nossa cegueira ao exigir que investiguemos

---

2 Ver Drucilla Cornell, "Enabling Paradoxes", manuscrito inédito pertencente à autora.

Seyla Benhabib • Judith Butler • Drucilla Cornell • Nancy Fraser

filosoficamente o sentido do que chamamos de história. Assim, ao contrário de Fraser, não creio que possamos claramente separar história de filosofia. Na verdade, avaliações da possibilidade de resistência, e do que conta como resistência, giram em torno de pressuposições normativas que não deveriam ser presumidas, mas justificadas. Meu argumento é que precisamos de filosofia para essa justificação e, na verdade, precisamos dela até para argumentar que essa justificação é necessária. Discordo do argumento de Fraser de que a história não é uma categoria filosófica e, consequentemente, com sua conclusão de que o feminismo não precisa da filosofia. Mas que tipo de filosofia, e qual o papel que a filosofia deveria desempenhar no feminismo?

Como Benhabib, acredito que o feminismo exige pensar no "Outro integral" e por isso precisa manter um momento indelével de utopismo, e persistir nele. Por outro lado, discordo de Benhabib quanto a podermos justificar filosoficamente uma descrição de uma esfera radical normativa sobre a qual reflexões teóricas de moralidade possam ser baseadas. Benhabib finalmente recusa o utopismo do início da Escola de Frankfurt que gira em torno de uma distinção similar à que fiz entre o ético e o moral. A tentativa filosófica de Benhabib de tentar descrever uma esfera racional normativa é inerentemente conservadora dentro do contexto do feminismo porque o feminismo nos exige contestar permanentemente a delimitação filosófica tradicional das esferas sobre as quais tais reflexões teóricas de moralidade estão assentadas. O feminismo demanda nada menos do que a criação de um simbólico feminista que se alimenta do imaginário feminino e contesta os limites do discurso estabelecido.

Debates feministas

O feminismo também não deveria estabelecer-se com base na exclusão da especificidade do feminino dentro da diferença sexual ao reduzi-la a uma "falta", a ser preenchida por fantasias masculinas. Ao contrário, o simbólico feminino nos aguarda no futuro, e estará sempre no futuro, porque não pode haver um fim a sua criação e recriação. O feminino dentro da diferença sexual pode sempre ser escrito, precisamente porque o "ser" dessa diferença está na sua escrita, na sua renarratividade [*re-narrativization*], e nunca está simplesmente "ali" na realidade ou como "algo" que tem sido representado pelo simbólico masculino.[3] Discordo de Benhabib porque ela não é uma utópica, no sentido específico de que ela pensa que o feminismo pode operar dentro dos instrumentos filosóficos fornecidos pela tentativa de Habermas de teorizar a legitimidade de uma esfera racional normativa da natureza. Ao contrário dos pensadores anteriores da Escola de Frankfurt, como Adorno e Walter Benjamin, Benhabib minimiza a importância ética e política da arte e, mais especificamente no domínio da teoria social, ignora a importância de estilos experimentais de escrita que expõe as operações do simbólico masculino. Ninguém enfatizou o limite do discurso filosófico tradicional na expressão de crítica política com mais militância do que Theodor Adorno. O feminismo é radical porque exige que repensemos as "origens" e o "limite" do discurso filosófico, mesmo quando somos desafiadas a fazê-lo filosoficamente, razão pela qual o feminismo se alia com pensadores como Jacques Derrida e Emmanuel Lévinas, assim como com Adorno e Benjamin. Mas para entender

---

3 Para a minha própria tentativa de redefinir a importância política da escrita feminina, ver Cornell (1991, p.165-196).

Seyla Benhabib • Judith Butler • Drucilla Cornell • Nancy Fraser

por que existem bases para tal aliança, precisamos rearticular as posições filosóficas que Benhabib, seguindo Jane Flax, associa ao "pós-modernismo".[4]

Substituo as categorizações de Flax pelas minhas: primeiro, a importância da exposição ao limite do falogocentrismo. Segundo, a importância do futuro anterior e da imaginação reminiscente[5] na compreensão da história. E finalmente, a importância da crítica da era do ego. No pequeno espaço que me é alocado só posso oferecer um esboço rígido, mas, ainda assim, espero que essa redefinição das posições associadas com o assim chamado "pós-modernismo" ofereça novas dimensões ao debate. Em cada caso vou focar na importância de minha redefinição das posições associadas com "pós-modernismo" e a criação do simbólico feminino.

I. A importância da exposição ao limite do falogocentrismo

A "fábula" [*tall tale*], que é como Benhabib descreve a explicação de Derrida para a filosofia ocidental, envolve uma expli-

---

4 Ver Seyla Benhabib, "Feminismo e pós-modernismo: uma aliança complicada" (neste volume). Teresa Brennan criou essa expressão e eu a tomo emprestada (ver Brennan, 1993). Brennan argumenta brilhantemente que a era do ego também é historicamente circunscrita e específica. Assim, a resposta de Brennan a Fraser é que Lacan, ou pelo menos a crucial crítica lacaniana da psicologia do ego, deveria ser lido como um pensador histórico.

5 "Imaginação reminiscente" é uma expressão que usei para a forma com que o "passado" opera tanto em nossas histórias individuais quanto coletivas. Para uma explicação mais detalhada do que quero dizer por imaginação reminiscente, ver Cornell (1993).

Debates feministas

cação de como a filosofia se "endurece" frente a seu Outro, e mais especificamente ao Outro feminino. Como argumentei no ensaio incluído neste volume, a importância da teoria psicanalítica de Jacques Lacan para Derrida é que ela fornece a explicação mais atraente de como as estruturas de linguagem consciente são inerentemente, por meio de um apagamento inconsciente do feminino da ordem simbólica, inseparáveis do apagamento da importância da Mãe. Este apagamento acontece através da ereção do falo como o significante transcendental, que cimenta sentido por causa do privilégio acordado ao masculino. A ereção do falo como significante transcendental dá força cultural operacional à fantasia de que ter um pênis é ter o falo, com todas as suas supostas qualidades mágicas de criação e potência. A fantasia de que o falo é o único símbolo de regeneração está na base da linhagem patrilinear e do patriarcado.

A reinterpretação simbólica do complexo de Édipo por Lacan demonstra a importância inconsciente do Nome do Pai em nível de trabalho cultural, incluindo o trabalho de filosofia. A importância feminista de combater a linhagem patrilinear em nome da realização de uma democracia não baseada no sistema de diferenciação estratificada inerente ao patriarcado foi trazida ao centro da discussão por mulheres do "Terceiro" Mundo. Um exemplo é a politização do papel das Rainhas Mães em Gana, que divulgaram a relação entre o desafio à linhagem patriarcal e a possibilidade de uma verdadeira democracia participativa. Um aspecto crucial dessa luta contra a identificação inconsciente do falo com o poder reprodutivo exige ressimbolização e reavaliação do "sexo" feminino. Em seu extraordinário romance *Possessing the Secret of Joy*, Alice Walker (1992) reconta a história de como o "sexo" feminino acaba simbolizado por

Seyla Benhabib • Judith Butler • Drucilla Cornell • Nancy Fraser

bonecas, mostrando de modo alegórico o apavorante processo pelo qual a cultura patriarcal domestica o que mais teme – uma mulher adulta cujo "sexo" é celebrado em vez de mutilado. O segredo do prazer, a resistência, é inseparável dessa batalha simbólica contra a importância inconsciente dada ao falo como poder reprodutivo. O apagamento do "sexo" feminino é interpretado no ritual que faz da "falta" da mulher uma realidade apavorante.

> Neste esquema, não devemos ter vaginas, diz Olivia, com uma esperteza na fala que algumas vezes a caracteriza, porque é através deste portal que o homem confrontou o maior e mais injusto mistério conhecido por ele. Ele próprio reproduzido. (Ibid., p.198).

A grande fantasia do falo é que ele não precisa do seu Outro, razão pela qual ainda existe uma profunda conexão – uma conexão da qual nos lembra Butler – entre algumas descrições filosóficas do ideal de autonomia e o mito de autogênese no qual o Homem produz a ele mesmo em vez de ser reproduzido. Quando Derrida (1981) intitulou um de seus textos *Dissemination*, ele nos oferecia um importante lembrete de quão produtivo é o pênis quando não há Outro para recebê-lo.

É claro que Derrida não se engaja no processo de ressimbolização do feminino com diferença sexual da mesma maneira que o faz uma romancista como Alice Walker. Mas sua exposição do limite do falogocentrismo – a maneira com que conceitos filosóficos centrais estão profundamente ligados com o significado inconsciente dado ao falo – é uma intervenção importante para tornar possível o processo de ressimbolização. A história de

Debates feministas

como o falo veio a ser lido como o significante transcendental, e como ele toma o lugar do poder de reprodução, é de fato uma fábula. Derrida acredita que o falo é erigido apenas como significante transcendental em vista da leitura do que a mãe deseja, e que seu desejo é lido dentro de um roteiro já existente que traduz desejo por meio da grade do simbólico já estabelecido. Mas o que é lido pode sempre ser relido. No nível da conceitualização filosófica, essa releitura exige que ressimbolizemos nossos conceitos mais básicos, como a autonomia. Como nos lembra o romance de Walker, não pode haver "autonomia" para as mulheres sem a reavaliação de nosso "sexo" e, com essa reavaliação, a redefinição do ideal de autonomia.

II. A importância do futuro anterior e da imaginação reminiscente na história

Isso leva à minha segunda rearticulação das posições associadas ao "pós-modernismo". Benhabib argumenta que, mesmo que abandonemos as metanarrativas da "história do homem", ainda precisaremos de relatos de como e por que as mulheres são oprimidas. Ainda assim, ela rejeita o uso da psicanálise no trabalho inovador de Joan Scott, que demonstra a maneira com que aquilo que conta como "história das mulheres" e, na verdade, o que conta como "mulher" em tal narrativa exige uma análise "profunda" da ordem simbólica social na qual as leituras de Mulher são oferecidas.[6] Scott não nega a realidade da história ou o sofrimento das mulheres. Ela só

---

6 Ver, de modo geral, Scott (1988). Para a crítica de Scott por Benhabib, ver Benhabib (1992, p.221-222).

Seyla Benhabib • Judith Butler • Drucilla Cornell • Nancy Fraser

pede que sejamos cautelosos com o modo com que o simbólico se mostra nas narrativas da história das mulheres a quem se dá credibilidade como "verdade". Seus estudos exigem que olhemos para a forma na qual a Mulher é constituída pelos próprios historiadores como uma categoria significativa e/ou insignificante.

Longe de negar as políticas da história e da tarefa do historiador, Scott traz a política para a linha de frente com uma compreensão implicitamente lacaniana do processo de constituição do *sempre já ter sido* por meio do futuro anterior. Scott entende que existe uma futuridade inconclusiva do que *sempre já foi*: um "tempo" que nunca é inteiramente lembrado, pois ainda que lido como *já constituído*, o passado está sendo constituído enquanto ainda é lido. O "interesse em emancipação" no trabalho de Scott é fazer essa "futuridade" aparecer de modo a tornar fluída a sedimentação das leituras que nos dão um "passado" que supostamente está "ali" como o *sempre já ter sido*.[7] Essa futuridade, ou o "passado" futurível, não é fácil de ser definido como um interesse em emancipação se a ideia de emancipação não pode receber conteúdo estável. Em vez disso, os conceitos mais básicos da política, como a emancipação, são eles próprios expostos ao mesmo tempo que a categoria Mulher é examinada na especificidade de suas variegadas redes sócio-simbólicas, incluindo aquelas inevitavelmente impostas pela emaranhada rede de significados de "sexo" que a historiadora traz para suas próprias leituras. O trabalho de Scott, com suas influências tanto lacanianas quanto derrideanas, exemplifica a imaginação rememorativa na qual aquilo que é lembrado acaba

---

7 Ver Heidegger (1972, p.8-24).

Debates feministas

visionado diferentemente enquanto é relembrado na leitura da historiadora. O trabalho histórico de Scott é, nesse sentido, uma contribuição importante para a criação do simbólico feminino pois, com frequência, contesta as definições de Mulher que estabeleceram a identidade feminina, e que, assim, limitam o repensar do feminino dentro da diferença sexual.

O entendimento de Lacan do futuro anterior é uma contestação a Hegel, que nos dá a articulação mais poderosa do sujeito da metafísica, na qual o sujeito alcança a forma autossuficiente de presença – aquela do presente perfeito. Ressalto a importância política dos estudos históricos de Scott para enfatizar o modo com o qual a compreensão da temporalidade do sujeito da história – e, como veremos em breve, do sujeito individual que contesta a filosofia da presença – pode nos ajudar a rearticular a diferença sexual além da acomodação aos limites do simbólico masculino.

I I I. A importância da crítica da era do ego

O conceito de futuro anterior de Lacan significa que o presente vivido do sujeito pode residir apenas em um atraso antecipado. Usado modalmente, o futuro anterior designa uma suposta predicação condicional e, desse modo, uma proposição relativa a um estado incerto das coisas. Essa incerteza, que não pode ser simplesmente identificada com um futuro ou um passado, tipifica a linguagem de um sujeito cuja autoconsciência é estruturada em termos de atraso antecipado. De acordo com a temporalidade partida do futuro anterior, a linguagem seria sujeita ao (e se tornaria parte do) inconsciente. O inconsciente deve ser entendido não como um objeto de percepção ou

Seyla Benhabib • Judith Butler • Drucilla Cornell • Nancy Fraser

intuição, nem como um objeto clínico, mas como uma cena teatral que é, por sua vez, inscrita em uma cena em andamento, ainda que outra. O futuro anterior anuncia o imediatismo disjuntivo desta outra cena. Se existe um fenômeno como o drama "pós-moderno", ele envolve precisamente a dramatização do imediatismo disjuntivo desta outra cena, na qual a própria ideia de personagens em um presente partilhado é contestada.

Esse entendimento da temporalidade embasa a crítica da psicologia do ego de Lacan porque este escolhe uma perspectiva sincrônica no lugar do ponto de vista desenvolvimentista diacrônico que tem dominado a psicanálise ortodoxa desde Freud. Enfatizando como o inconsciente é gerado, não somente pela temporalidade partida do sujeito no tempo, mas também pela relocalização do significado inerente no entendimento de Sausurre de como os signos passam a significar, ele diferencia a abordagem da história usada por Scott do positivismo de Fraser e exemplifica o que entendo por programa de pesquisa social crítico e histórico.

Há dois aspectos específicos da crítica da psicologia do ego de Lacan que são centrais ao feminismo. A explicação do ego de Lacan é que o ego, e mais especificamente o ego corporal, é constituído por um Outro que espelha a criança como "integral", antes que ela seja capaz de atingir qualquer coisa parecida com unidade corporal. Essa criança depende de ser espelhada e, assim, continuamente reproduzida através dos olhos do Outro. Um eu entendido como um ego autoconstituído é baseado em uma forma profunda de *des*-reconhecimento, na qual o ego "se torna" ao tomar inconscientemente o lugar do Outro imaginário e então "esquece" o processo de identificação e interiorização do Outro que estabelece o ego.

Debates feministas

Podemos agora entender, de um diferente ponto de vista, a importância do sujeito preso no futuro anterior – o sujeito terá sido a imagem do Outro cujo lugar ele tomou. Mas de modo a tomar o lugar do Outro imaginário, ele também deve repudiar a alteridade do passado futurível e, mais especificamente, como nos lembra Walker, o passado de sua *reprodução*. Esse também é o ponto de Butler quando ela enfatiza como o mito da autogênese vira o apagamento da Mãe. Também há outro aspecto do repúdio da alteridade do passado futurível que é importante para o feminismo. Para Lacan, a negação da alteridade irredutível da qual o ego depende acontece pela interiorização do relacionamento do Outro que espelha o indivíduo. É essa interiorização que apaga o passado futurível que permite a fantasia de que o ego está se autoconstituindo no presente. A interiorização do Outro toma a forma da fantasia psíquica da Mulher, em que a alteridade e a exterioridade de mulheres reais é negada. Assim, ainda que Lacan esteja próximo a Adorno ao nos lembrar incessantemente da violência e da agressão inerentes ao mito da autogênese, ele conecta de modo explícito a interiorização da Mãe/Outro à redução da Mulher a estruturas de fantasia da psique masculina, em que a individuação real das mulheres é negada e substituída por um objeto de fantasia inconsciente com apenas dois lados: boa mãe, prostituta malvada.

O início do outro sujeito exige o reconhecimento de que Mulher é Outro para as estruturas de fantasia da psique masculina. Assim, há uma importância ética e política para o feminismo no reconhecimento da exterioridade do Outro, incluindo a exterioridade da estrutura de tempo do passado futurível. A insistência do reconhecimento ético da exterioridade irredutível do Outro é, claro, central ao conceito de Lévinas do sujeito

Seyla Benhabib • *Judith Butler* • *Drucilla Cornell* • *Nancy Fraser*

que é sempre um sujeito para o Outro. No *Glas*, de Derrida (1986), esse reconhecimento da exterioridade do Outro acontece por meio do reconhecimento explícito do passado futurível da reprodução do sujeito. O sujeito masculino em *Glas* não diz "eu sou", mas sim "eu sigo, Ela". Esse reconhecimento do passado futurível da reprodução do sujeito não é a morte do sujeito, mas o "nascimento" de um sujeito outro ao ego.

Quero concluir com mais um aspecto da importância política para o feminismo do reconhecimento do sujeito no tempo. O reconhecimento do tempo do sujeito significa que não há sujeito autoidêntico – incluindo o sujeito autoidêntico do feminismo. Mas essa compreensão do sujeito não quer dizer que temos de escolher entre políticas de identidade ou políticas da diferença. Esse outro sujeito, na verdade, leva-nos de volta à teatralidade da representação de uma identidade mimética como base para políticas feministas, uma representação que se move sempre para o futuro, pois representa como constituído aquilo que ainda está por ser. Não é coincidência que seja nas vozes de mulheres afro-americanas escravizadas no *Beloved* de Toni Morrison, às quais é totalmente negada a posição de sujeito, que encontramos o Outro sujeito lindamente evocado *na*, e *através* da, própria impossibilidade de alcançar uma identidade autoconstituída. Esse outro sujeito é criado enquanto se reza e se vela por ela:

Amada
Você é minha irmã
Você é minha filha
Você é meu rosto; você sou eu
Eu a encontrei outra vez; você voltou para mim

Debates feministas

Você é minha Amada
Você é minha
Você é minha
Você é minha. (Morrison, 1987, p.216)

O tempo do feminismo é o tempo do futuro anterior da Outra, Amada.

Você me rememora?
Sim. Eu lembro de você
Você nunca me esqueceu?
Seu rosto é meu. (Ibid., p.215)

8
Pragmatismo, feminismo e a virada linguística

Nancy Fraser

É impressionante como muitas das questões debatidas aqui se preocupam com significação e discurso. O que começou como um debate sobre feminismo e pós-modernismo tornou--se em grande parte uma discussão sobre como interpretar melhor a virada linguística. Essa evolução não é surpreendente. Feministas, como outros teóricos, trabalham hoje em um contexto marcado pela problematização da linguagem. Para mim, esta é a maneira mais produtiva de entender o pós-modernismo: uma transformação histórica na filosofia e na teoria social de uma problemática epistemológica, na qual a mente é concebida como refletindo ou espelhando a realidade, para uma problemática discursiva, em que significados sociais culturalmente construídos ganham densidade e peso. Tal mudança carrega com ela a condição diagnosticada por Jean-François Lyotard. A crença em metanarrativas filosóficas tende a diminuir com a virada linguística, já que conferir densidade e peso a processos significantes também é levantar suspeitas sobre a possibilidade de uma matriz neutra permanente para a investigação.

Seyla Benhabib • Judith Butler • Drucilla Cornell • Nancy Fraser

Nesse sentido, o pós-modernismo é maior que o pós-estruturalismo. Ele abrange não apenas Foucault, Derrida e Lacan, mas também teóricos como Habermas, Gramsci, Bakhtin e Bourdieu, que oferecem estruturas alternativas para significações conceitualizantes. Se entendemos o pós-modernismo como o imperativo de teorizar de dentro do horizonte da virada linguística, então podemos enxergar um grande grupo de pensadores que oferecem maneiras diferentes de fazer exatamente isso, e podemos analisar seus relativos méritos de uma perspectiva feminista. Se, no entanto, seguimos Judith Butler e Drucilla Cornell e rejeitamos o termo "pós-modernismo", fazemos mais do que simplesmente protestar contra polêmicas redutivas que confundem diferentes visões; também arriscamos balcanizar o campo teórico – segregando vários lados um do outro, recusando considerar questões colocadas de outras perspectivas e evitando o debate relativo a toda a variação de opções. Mas, é claro, tal debate também pode ser impedido por definições tendenciosas e sectárias de pós-modernismo. Se seguimos Seyla Benhabib e associamos o termo com a estetização da investigação histórica e a rejeição das normas universalistas, nos arriscamos a desprezar de imediato alguns modos de levar a linguagem a sério, potencialmente úteis à teoria feminista.

O truque, mais uma vez, é evitar falsas antíteses. De dentro do campo do que é com frequência apresentado como alternativas mutualmente incompatíveis, precisamos distinguir aqueles elementos que podem ser recontextualizados e articulados de forma produtiva uns com os outros em uma problemática feminista daqueles que são genuinamente inassimiláveis ou insustentáveis.

Debates feministas

Para esse fim, quero recolocar alguns dos desacordos entre Benhabib, Butler, Cornell e eu mesma precisamente como disputas sobre a maneira mais produtiva para feministas promoverem a virada linguística. De modo geral, aqui nos são apresentadas três alternativas puras ou "partidárias": 1) uma perspectiva habermasiana orientada para alegações de validade implícitas na comunicação intersubjetiva, mantidas como base para uma ética do discurso e uma concepção procedural da publicidade democrática (Benhabib); 2) uma perspectiva foucaultiana orientada para uma pluralidade de regimes discursivos contingentes, historicamente específicos e empoderados que constroem várias posições de sujeitos que possibilitam inovações (Butler); e 3) uma perspectiva lacaniana/derrideana orientada para uma ordem simbólica masculina e falogocêntrica que suprime o feminino enquanto dissimula sua própria falta de fundamento (Cornell).

Qual dessas três abordagens deveria ser abraçada pelas feministas? Em vez de optar por uma dentre elas em sua forma pura, proponho que tentemos desenvolver uma quarta alternativa: uma abordagem impura, eclética, neopragmática que combine os aspectos mais fortes de todas as três. Essa quarta abordagem abrangeria a variação total dos processos pelos quais os significados socioculturais de gênero são construídos e contestados. Isso maximizaria nossa habilidade de contestar a atual hegemonia de gênero e de construir uma contra-hegemonia feminista.

Uma abordagem assim eclética, neopragmática, parece-me aconselhável dada a variedade e a complexidade dos fenômenos que precisamos teorizar. Afinal de contas, a dominância de gênero está espalhada socialmente, imbricada na economia

Seyla Benhabib • Judith Butler • Drucilla Cornell • Nancy Fraser

política e na cultura política, nos aparatos de Estado e nas esferas públicas. Poder de gênero atravessa domicílios, redes de parentesco e a totalidade de instituições que formam a sociedade civil. Ele opera em todos os sítios de produção cultural e ideológica, incluindo culturas de massa, alta cultura, culturas acadêmicas, culturas de oposição e contraculturas. Luta de gênero se espalha pela vida cotidiana, influenciando sexualidade, reprodução, desejo, gosto e hábitos. Infunde identidades pessoais e identidades coletivas, afinidades sociais e antagonismos sociais e bom senso mais ou menos partilhado.

Toda arena e nível da vida social são carregados de hierarquia de gênero e luta de gênero. Consequentemente, cada um deles requer a teorização feminista. Cada um, no entanto, também é atravessado pelo outro, por eixos cruzados de estratificação e poder, incluindo classe, "raça"/etnicidade, sexualidade, nacionalidade e idade – um fato que complica muito o projeto feminista. Ainda que a dominância de gênero seja ubíqua, em suma, ela toma formas diversificadas em diferentes conjunturas e locais, e seu caráter varia para mulheres diferentemente situadas. Sua forma não pode ser extrapolada de um local ou de um grupo para todo o resto.

Assim, a tarefa que se coloca para as feministas é formidável. Se queremos ter qualquer esperança de entender exatamente contra o que lutamos, necessitamos de uma abordagem que seja ao mesmo tempo sutil e poderosa. Precisamos de estruturas que sejam sensíveis à especificidade, mas que ainda assim nos permitam alcançar objetos muito grandes de investigação, tais como a economia global. Também necessitamos de abordagens que promovam nossa habilidade de pensar de modo relacional e contextual, incluindo estruturas que possam conectar

Debates feministas

vários elementos da totalidade social, estabelecendo esses elementos não apenas como "diferentes" uns dos outros, mas como mutualmente interconectados. Além disso, precisamos de abordagens que nos permitam propor grandes e sumarizantes narrativas da trajetória histórica global do poder de gênero e da luta de gênero. Estas serão necessariamente simplificadoras, é claro; mas, se tratadas com falibilidade, podem oferecer orientação provisional, uma ideia revisável de onde estamos indo e aonde queremos ir. Por fim, necessitamos de estruturas teóricas que nos permitam projetar esperanças utópicas, imaginar alternativas emancipatórias e infundir todo o nosso trabalho com uma crítica normativa da dominação e da injustiça.

Onde, então, se encaixa a linguagem? Todo o aspecto da hierarquia de gênero e da luta de gênero tem uma dimensão significante irredutível. Toda a arena da vida social está infusa de práticas significantes, e toda a ação é tomada de dentro de um horizonte de significados culturais e interpretações. A dimensão significante é tão central ao estupro sistemático de mulheres bósnias e à exploração de operárias de fábrica numa região maquiladora do México quanto à recepção de Madonna e da MTV. Ela não pode ser restrita a uma esfera ou um domínio específico, como "cultura" ou "o mundo da vida". Ela atravessa a totalidade do campo social.

Muito do trabalho feminista, assim, consiste em analisar como os significados culturais são produzidos e circulados. Tal análise, no entanto, precisa ser social e historicamente contextualizada, situada no tempo e no espaço, institucional e estruturalmente fundamentada. Ela também precisa ser conectada a outros modos de teorizações críticas. Ainda que a significação esteja em toda a parte, ela ainda não passa de uma dimensão de

Seyla Benhabib • Judith Butler • Drucilla Cornell • Nancy Fraser

socialidade entre outras. Uma das tarefas mais importantes – e mais difíceis – para a teorização feminista é conectar análises discursivas de significações de gênero com análises estruturais de instituições e economia política.

Como, então, deveriam proceder as teóricas feministas? Dada a complexidade de nossa tarefa, é de se duvidar que qualquer abordagem única do discurso ou da linguagem seja suficiente. Certamente, nenhuma das três abordagens puras representadas nesse debate pode fazer o trabalho sozinha. Vamos considerá-las uma a uma.

A abordagem quase habermasiana de Benhabib oferece alguns recursos indispensáveis. Ela defende de modo convincente a necessidade geral feminista de crítica normativa, historiografia orientada à emancipação e atenção teórica e de ação às aspirações e feitos das mulheres. E conceitualiza fenômenos linguísticos adequadamente. Ao tematizar as alegações de validade implícitas na comunicação intersubjetiva, Benhabib não só coloca as questões éticas no centro da preocupação feminista como também implicitamente estabelece as mulheres como sujeitos sociais capazes de falar e agir contra a dominação. Da perspectiva teórica da fala e do ato, a dominação é inerente aos silêncios comunicativos e ao desequilíbrio: em implícitas alegações de validade nunca sujeitas à crítica racional, em deliberações manchadas pela marginalização de interlocutores femininos. A estrutura habermasiana também fornece um padrão normativo para a crítica das instituições: o ideal de uma esfera pública democratizada, uma arena institucionalizada do discurso público em que normas procedurais de justiça e igualdade promovem paridade de participação na oferta e na demanda de razões.

Essa abordagem tem muito a oferecer às feministas. Ela evoca a dimensão *procedural* do discurso e, com ela, a dimensão *normativa*, em foco. Ao problematizar a justiça dos processos comunicativos (oportunidades, distribuição de chances de fazer propostas ou levantar objeções etc.), Benhabib nos dá uma maneira não essencializadora [*nonessentializing*] de propor questões normativas sobre prática discursiva. Em outras palavras, quando somos capazes de identificar inequidades procedurais em situações específicas de interação comunicativa, podemos desmascarar alegações de validade falsas que, de outra maneira, escapariam ao escrutínio. Além disso, o conceito de esfera pública vem provando ser útil para a análise institucional. Ele inspirou importantes novos trabalhos feministas sobre teoria democrática (Calhoum, 1991; Fraser, 1991), historiografia (Landes, 1988; Ryan, 1990; Higginbotham, 1993) e crítica cultural (Felski, 1989; Fraser, 1992, p.595-612; 1993, p.9-23; Hansen, 1991).

Apesar de seus méritos, no entanto, a abordagem de Benhabib não fornece tudo o que as feministas precisam. Por definição, uma orientação procedural agrupa os *conteúdos* do discurso; assim, ela não nos ajuda a esclarecer a substância concreta de significados que tenham gênero, nem as suas genealogias históricas, nem seus resultados contemporâneos. Além disso, um foco na justificação e na validade marginaliza questões sobre motivação e desejo; assim, não pode nos ajudar a entender por que as mulheres às vezes se agarram a perspectivas que as colocam em desvantagem, mesmo depois de serem racionalmente desmistificadas. De modo mais geral, por enfatizar questões de *participação* na deliberação, a abordagem de Benhabib valoriza o lado ativo, constitutivo, do envolvimento dos indivíduos

Seyla Benhabib • Judith Butler • Drucilla Cornell • Nancy Fraser

na prática comunicativa, negligenciando relativamente o lado passivo, constituído.

Categorias que funcionam bem para alguns propósitos, em suma, não são necessariamente bem adaptados a outros. Formas de crítica não facilmente abordadas de dentro da estrutura de Benhabib incluem explicações de como limites comunicativos específicos são concreta e diferencialmente institucionalizados; explicações que traçam o desenvolvimento de complexos de significado que são relativamente mantidos por meio de situações comunicativas diferentes e que funcionam como um fundo de bom senso partilhado; e críticas que geram novas significações emancipatórias substantivas. Abordagens que facilitem estes gêneros de teorização crítica devemos procurar em outro lugar.

A estrutura quase foucaultiana de Judith Butler é um bom lugar para começar essa busca. Butler defende convincentemente a necessidade da crítica desnaturalizante, que revele o caráter contingente, performativamente construído, do que passa por necessário e inalduterável. Ela analisa fenômenos discursivos de maneiras que facilitam tal crítica. Ao tematizar a dimensão performática da significação, ela dá ênfase para o *ato* no ato de falar ou, em termos sartrianos, a práxis no prático-inerte. Da perspectiva de Butler, o poder é inerente à naturalização e à reificação de conteúdos discursivos contingentes, ativamente fabricados, em especial aqueles constitutivos de identidades de gênero. A dominação é contestada efetivamente, em sua opinião, quando o que se acreditava ser um simples reflexo de como as coisas são é revelado como uma construção performativa. Tal crítica não apenas deslegitima significações recebidas, como também abre espaço para a produção de alter-

Debates feministas

nativas. Esta última não emerge do nada, no entanto, mas por meio do que Butler chama de *ressignificação*, atos de iteração que também são inovações.[1] Paradoxalmente, esses atos são interpretados a partir de – e, de fato, autorizados por – posições de sujeito que são elas mesmas construídas pelos próprios regimes discursivos que elas contestam.

A abordagem de Butler, igualmente, tem muito a oferecer às feministas. Ela põe em foco a dimensão *performativa* da significação, razão da inerente *historicidade* e da suscetibilidade à mudança desta última. Além disso, ao explicar a mudança discursiva como ressignificação, Butler estabelece um sujeito linguístico que é não transcendental, mas capaz de inovação. Ela também entende esse sujeito posicionalmente, ao falar de uma pluralidade de *posições de sujeito*, cada um deles correlato com algum *regime discursivo*. Como resultado, a abordagem de Butler nos deixa entender a interação concreta de limite e manobra em cenários discursivos específicos. Ela já se mostrou útil para a crítica cultural feminista – não só em contextos de performance tradicional, como teatro e dança, mas também no terreno mais amplo da performance de gênero na vida diária. Finalmente, a ênfase de Butler na desreificação valoriza a *genealogia* como modo de crítica feminista. Isso também trouxe alguns bons resultados. Ao revelar as origens históricas contingentes

---

1 A posição de Butler aqui é muito parecida com aquela de Julia Kristeva, como articulada em seu ensaio de 1973 (Kristeva, 1986). Para um relato crítico das forças e fraquezas da visão inicial de Kristeva (e de sua subsequente degeneração em um determinismo de gênero neoestruturalista influenciado por Lacan), ver Nancy Fraser, "The Uses and Abuses of French Discourse Theories for Feminist Politics", em Fraser e Bartky (1992).

Seyla Benhabib • Judith Butler • Drucilla Cornell • Nancy Fraser

de noções de bom senso aparentemente normais, como "dependência feminina",[2] genealogistas feministas contestaram a masculinidade da cultura política convencional.

Ainda assim, a abordagem de Butler não nos dá tudo o que precisamos. Seus recursos normativos internos – reificação da performance é ruim, desreificação é boa – são parcos demais para propósitos feministas.[3] A genealogia requer uma base ética

---

2 Nancy Fraser e Linda Gordon, "A Genealogy of 'Dependency': Tracing a Keyword of the U.S. Welfare State", *Signs: Journal of Women in Culture and Society*, v.19, n.2, p.309-336, 1994.

3 Incidentalmente, Butler não entende – ou, talvez, tenha lido mal – algumas das minhas críticas anteriores a suas posições. Primeiro, ao levantar a questão do esoterismo, eu não estava sugerindo que o uso de linguagem teórica difícil nunca é justificável; eu só questionava se *seu* uso de linguagem anti-humanista era justificado, ou seja, se oferecia elucidação teórica e/ou ganhos políticos. Minhas dúvidas quanto a isso só aumentaram, aliás, tendo em vista sua resposta a Benhabib. Criticando Benhabib por tomar ao pé da letra sua retórica anti-humanista, Butler agora enfatiza que ela estava na verdade tentando explicar como a agência é possível dada a constituição dos sujeitos por regimes de poder. Para esse objetivo, no entanto, uma retórica anti-humanista parece contraprodutiva. Em segundo lugar, o caso não é que eu (ou Habermas, inclusive) acredite que "língua ordinária não pode prover bases definitivas para adjudicar a validade de suas próprias reivindicações". Nem eu nem Habermas estamos interessados em "bases definitivas"; ambos pressupomos que a prática comunicativa de adjudicar alegações de validade transpira precisamente na língua ordinária, pois não existe metalinguagem. Por último, Butler interpreta mal meu ponto sobre as implicações políticas das teorias de subjetividade fundacionalistas. Eu não afirmei que Toussaint subversivamente citou uma visão jacobina considerada insidiosa em termos políticos e, assim, a redimiu para a política progressista. Ao contrário, disse que, como Toussaint, os próprios jacobinos decretaram uma visão fundacionalista para usos emancipatórios – uma análise que partilho com Toussaint. De

Debates feministas

mais robusta para alcançar seus resultados emancipatórios, assim como outros gêneros de crítica que são igualmente necessários ao feminismo. De modo revelador, as próprias aplicações de Butler de sua abordagem pressupõem fortes compromissos normativos; uma objeção moral à "exclusão" aparece consistentemente ao longo de *Bodies That Matter* (Butler, 1993a), e o antirracismo informa seu ensaio (Id., 1993b) sobre a absolvição, em maio de 1992, dos policiais que espancaram Rodney King. Como Foucault, no entanto, Butler renunciou explicitamente a recursos teóricos morais necessários para explicar seus próprios julgamentos normativos implícitos. Mas talvez suas opiniões sobre isso estejam mudando, já que recentemente ela começou a clamar por uma "democracia radical" (Butler, 1993a). Ainda que esse pedido continue um gesto retórico, em vez de um compromisso conceitualmente desenvolvido, eu o vejo como um reconhecimento de que a política feminista requer uma visão política moral mais abrangente do que a mera desreificação da performatividade.

Em sua forma atual, no entanto, a estrutura de Butler privilegia o local, o discreto, o específico. Consequentemente, não é adaptado ao trabalho decisivo de articulação, contextualização e totalização provisional. Não nos ajuda, por exemplo, a

---

todo modo, vale a pena reafirmar meu ponto: não é possível deduzir uma única valência política unívoca de uma teoria da subjetividade no abstrato, como Butler tenta fazer ao longo de seu ensaio original. Devo acrescentar que também não se pode deduzir o que quer que seja da diferença (se houver) entre citar uma significação previamente existente e originar uma nova. De toda forma, decerto houve citações "politicamente insidiosas", bem como citações progressistas. Assim, o problema do julgamento normativo se mantém.

Seyla Benhabib • Judith Butler • Drucilla Cornell • Nancy Fraser

mapear as conexões entre vários discretos regimes discursivos e, assim, teorizar a construção da hegemonia. Nem nos ajuda a contextualizar — e, desse modo, avaliar de maneira realista — as possibilidades performativas da vida diária, aparentemente expansivas e subversivas de gênero, em relação a dinâmicas estruturais envolvendo instituições de larga escala, como Estados e economia. Assim, em *Gender Trouble*, Butler superestima enormemente o potencial emancipatório de uma tal performance subversiva de gênero na vida diária. Ela não leva em conta a sua suscetibilidade à mercantilização, à recuperação e à despolitização — especialmente na falta de movimentos sociais fortes lutando por justiça social. (Para uma análise mais equilibrada e sóbria da subversão de gênero, ver o filme *Paris Is Burning*, que captura tanto as aspirações por transcendência quanto as limitações da cultura de festas de travestis entre homens de cor pobres em Nova York.)

Além disso, a estrutura de Butler não nos ajuda a teorizar a relação de indivíduos corporalizados, em suas disposições (*habitus*) relativamente permanentes, com as dispersas posições de sujeito que eles ocupam de modo sucessivo. Também não são dados meios de teorizar a intersubjetividade, a relação de tais indivíduos uns com os outros. Parte da dificuldade aqui resulta da tendência de Butler, quando discute a subjetividade, de passar muito rapidamente e sem diferenciação adequada entre vários níveis conceituais — por exemplo, de um nível linguístico estrutural (no qual ela evoca uma explicação quase saussureana da função do "eu" deslocado) ao nível psicanalítico (em que invoca uma explicação *à la* Kristeva do processo *intra*psíquico da formação do sujeito individual, ontogênico, via abjeção), ao nível institucional (no qual ela evoca uma ex-

Debates feministas

plicação quase foucaultiana da constituição de várias *posições do sujeito* diferentes e distintas em vários lugares institucionais diferentes e distintos), ao nível de identificações coletivas (em que evoca uma explicação quase žižekiana do caráter fantasmático e excludente das identidades coletivas politizadas tais como "mulheres"). Sem distinguir esses níveis, Butler nunca considera o importante e difícil problema de como teorizar as relações entre eles.[4] Assim, ela não nos ajuda a conceitualizar a totalidade social.

---

4 Essa mistura de níveis é aparente na resposta de Butler às minhas críticas anteriores. Ela alega, por um lado, que eu estava errada ao atribuir a ela uma preocupação com a questão "quem é autorizado a falar e quem é desautorizado e obrigado a ficar em silêncio" (este volume, p.207) – apesar de minha citação *verbatim* de seu primeiro ensaio em uma passagem sobre "sujeitos desautorizados, pré-sujeitos, figuras desprezadas, populações apagadas de vista" (este volume, p. 81). Ela alega que seu interesse primário, na verdade, é a "formação excludente do sujeito" entendida como uma operação *intra*psíquica constitutiva, não um processo ou relação *inter*subjetivo. Ainda assim, ela também alega que essa "premissa psicanalítica [...] pode [ser] usada de forma útil a serviço de uma crítica política". Para explicar como a premissa pode ser empregada dessa maneira, no entanto, ela reverte ao exemplo de figuras de maestria masculinas, que "exigiram a de-subjetivação [*de-subjectivation*] do feminino", e então ela segue com um apoio a minhas questões sobre a equidade *intersubjetiva*: "Podemos superar ou pelo menos melhorar as assimetrias nas práticas atuais de subjetivação?" (este volume, p.208). Em geral, então, Butler oscila entre alegações intrassubjetivas e intersubjetivas, e entre alegações de que ela está e não está interessada em intersubjetividade. Do meu ponto de vista, sua estrutura ainda está primariamente ancorada em uma filosofia de subjetividade, ainda que na forma de uma negação reversa ou abstrata. Como tal, é difícil lidar com questões envolvendo intersubjetividade, incluindo a justiça das relações entre sujeitos. Ainda assim, Butler quer (algumas

Seyla Benhabib • Judith Butler • Drucilla Cornell • Nancy Fraser

Em suma, a abordagem de Butler é boa para teorizar o nível micro, o intrassubjetivo e a historicidade das relações de gênero. Não é útil, em contraste, para o nível macro, o intersubjetivo e o normativo. Abordagens que possam nos ajudar a chegar aos aspectos cruciais das relações de gênero devemos procurar em outro lugar.

Significativamente, ainda que nem Benhabib nem Butler ofereçam tudo o que precisamos, suas abordagens são de várias maneiras complementares. Benhabib fornece muitos recursos que são subdesenvolvidos em Butler: acesso à dimensão intersubjetiva do discurso, uma orientação para a totalidade social e alguns recursos para a crítica normativa. Butler, por outro lado, oferece algumas das coisas que faltam em Benhabib: uma visão nuançada da interação *intra*subjetiva entre criatividade e limite, uma orientação ao detalhe de nível micro e à especificidade histórica e alguns recursos para a crítica desnaturalizante. Em outras palavras, uma pode ajudar a remediar as lacunas da outra — desde que possamos achar alguma maneira de descartar suas respectivas metafísicas sectárias e de combinar suas respectivas forças.

Entra Drucilla Cornell. Sua estrutura quase lacaniana/derrideana busca integrar o melhor de Butler e Benhabib. Como Butler, Cornell defende o projeto de crítica desnaturalizante, em especial a crítica que revela que a visão propositalmente fixa e simples do feminino como "falta" é, na verdade, uma constru-

---

vezes) lidar com essas questões. Ela parece entender que sua reivindicação de relevância política depende, finalmente, da habilidade de sua estrutura em se conectar com, e iluminar, tais problemas. Por isso sua oscilação entre alegações *intra*subjetivas e *inter*subjetivas.

Debates feministas

ção cultural. Como Benhabib, no entanto, Cornell também defende o pensamento ético e utópico, sobretudo o pensamento que projeta novas significações emancipatórias do "feminino dentro da diferença sexual". Em geral, então, Cornell quer as duas coisas. Ao conectar a crítica desnaturalizante com o pensamento ético-utópico, ela pretende desenvolver um tipo de teorização feminista que pode contestar a hierarquia de gênero sem capitular ao androcentrismo.

Vale a pena perseguir os objetivos de Cornell. O projeto de conectar crítica desnaturalizante, crítica ética normativa e pensamento utópico é extremamente atraente. Assim como o objetivo político de contestar tanto o androcentrismo quanto a hierarquia de gênero ao mesmo tempo. Não acredito, no entanto, que a estrutura teórica proposta por Cornell possa nos ajudar a alcançar esses objetivos.

Considere a concepção de significação de Cornell. Ela segue Lacan ao postular que "as estruturas de linguagem consciente ganham gênero por meio de um apagamento inconsciente do feminino da ordem simbólica, inseparáveis do apagamento da importância da Mãe [que] se dá com a ereção do falo como o significante transcendental..." (este volume, p.223). Pressuposta aqui está uma concepção de linguagem que é teoricamente dúbia e politicamente incapacitante. Cornell supõe uma única "ordem simbólica falogocêntrica" que é cultural e discursivamente infiltrada. Essa suposição, contudo, é supertotalizante. Ela pressupõe enganosamente unidade e coerência entre o que é, na verdade, uma pluralidade de regimes discursivos, posições de sujeito, práticas significantes, esferas públicas e significações — incluindo significações divergentes e conflituosas de feminilidade, das quais decerto não são todas

Seyla Benhabib • Judith Butler • Drucilla Cornell • Nancy Fraser

reduzíveis à "falta". Como resultado, a visão de linguagem de Cornell efetivamente apaga conflitos de interpretação, combates discursivos e o posicionamento distinto de diferentes mulheres, todos esses cruciais para a teoria feminista. Além disso, sua estrutura apaga a história. Apesar de professar um interesse em historicidade, temporalidade e historiografia emancipatória, Cornell fundamenta sua suposição sobre uma ordem simbólica falogocêntrica numa explicação a-histórica da psicodinâmica da individuação. Contrária a suas melhores intenções historicizantes, ela então torna inconcebíveis as mudanças históricas nas significações culturais.[5]

A própria Cornell parece desconfortável com essas implicações. Ela chama então Derrida para resgatá-la da prisão de Lacan. Derrida, em sua opinião, teoriza "aquilo que se transforma" na linguagem. Assim, ele lhe oferece um conjunto de garantias metafísicas: que o código linguístico não pode ser congelado, que a designação do feminino como falta não pode ser definitivamente estabilizada, que as atuais estruturas de identidade de gênero nunca poderão ser adequadas à ambiguidade vivida da sexualidade e que a sua ressimbolização é possível.

A garantia de Derrida não é exatamente o que se precisa, no entanto. "Aquilo que se transforma" é colocado como uma propriedade transcendental da linguagem, operando por baixo de uma ordem simbólica abrangente e aparentemente estável. É uma promessa abstrata de que esta última pode ser diferente. Não se trata de uma concepção que pode teorizar contestações

---

5 Para um argumento mais extenso, ver Nancy Fraser, "The Uses and Abuses of French Discourse Theories of Feminist Politics" em Fraser e Bartky (1992), e minha "Introdução" àquele volume.

Debates feministas

culturais realmente existentes entre significações rivais que estão em igualdade uma com a outra.[6] O resultado, infelizmente, é uma tendência a desvalorizar combates existentes como superficiais e privilegiar a Grande Recusa. Pois se toda linguagem consciente tem o gênero definido de modo falogocêntrico, então a única alternativa aceitável é o "Outro Integral". Adequadamente, Cornell pede a criação de um novo "simbólico feminino que se alimente do imaginário feminino". Isso é, porém, politicamente complicado. Enquanto consegue adquirir qualquer conteúdo determinado, ele flerta com o tipo de essencialismo homogeneizante que já se mostrou tão destrutivo da solidariedade interclasse e interétnica entre mulheres. E mesmo em

---

6 Para mais argumentos, ver Nancy Fraser, "The Force of Law: Metaphysical or Political?", *Cardozo Law Review*, v.13, n.4, p.1325-1331, 1991. A resposta de Cornell me parece entender mal esse ponto. Alegando (erroneamente) que eu a acusei de fundacionalismo, ela responde que, ao dar ênfase "à impossibilidade da Mulher", ela "abre infindáveis possibilidades para a reelaboração da diferença sexual" (este volume, p.218). Essa resposta, no entanto, apenas reconfirma suas boas intenções de acomodar diversidade e historicidade. Ela não mostra que isso pode de fato ser realizado dentro de sua estrutura conceitual. Continuo convencida de que não pode. Cornell começa com a exorbitante e enganadora hipótese de uma ordem simbólica falogocêntrica única, abrangente, universal e a-histórica. Em seguida, ela tenta introduzir a possibilidade de mudança ao estabelecer uma propriedade de linguagem igualmente universal e a-histórica. Mas é muito pouco e tarde demais. Uma abordagem melhor começaria com a real diversidade histórica dos fenômenos significantes, incluindo a intensa contestação contemporânea em torno do sentido de feminilidade, masculinidade, sexualidade e diferença sexual. E iria teorizar os processos pelos quais as hegemonias culturais androcêntricas eram (e são) tanto construídas quanto resistidas por essa diversidade.

sua forma abstrata, indeterminada, o pedido de Cornell para ressimbolizar "o feminino dentro da diferença sexual" fortifica um binarismo de gênero conceitual e politicamente dúbio.

A estrutura de Cornell, em suma, é repleta de dificuldades teóricas e políticas. Ainda que eu aplauda seu objetivo de casar a crítica desnaturalizante à crítica ético-utópica, acho sua concepção de linguagem problemática. Ela apaga efetivamente a historicidade, a especificidade institucional, a normatividade situada e a contestação cultural. Assim, em vez de manter alguns de seus elementos centrais, prefiro destacar as observações substantivas de Cornell sobre gênero, sexualidade e lei de seus suportes metafísicos atuais e reposicioná-los numa estrutura que é menos totalizadora, menos essencializadora [*essentializing*], mais histórica e mais institucionalmente fundamentada.

Onde ficam, então, nossas três abordagens puras? Nenhuma das três nos oferece tudo o que precisamos. Ainda assim, Butler e Benhabib propõem condições de prática discursiva que podem realizar importantes trabalhos críticos feministas, enquanto Cornell oferece algumas observações profundas sobre o caráter ambíguo da sexualidade e algumas concepções legais úteis.[7]

Se cada uma das três abordagens puras tem algo, mas não tudo o que precisamos, então uma quarta alternativa, impura, é necessária. Precisamos cultivar o espírito eclético que invoquei sob a rubrica de neopragmatismo. Isso significa adotar concepções teóricas que permitam tanto a crítica desreificante quanto a crítica normativa, assim como a geração de novas significações emancipatórias. Essas concepções também têm

---

7 Ver, por exemplo, Cornell (1992a).

Debates feministas

de permitir que articulemos análises de discurso e economia política; estudos de esferas públicas e de aparatos de Estado; genealogias de categorias dos historiadores e relatos de contestação "vindos de baixo". Mais importante, devem nos permitir teorizar a interseção de gênero, "raça"/etnicidade, sexualidade, nacionalidade e classe *em todas as arenas socioculturais.* A chave é evitar embaralhamentos metafísicos. Devemos adotar a visão pragmática de que existe uma pluralidade de diferentes ângulos a partir dos quais fenômenos socioculturais podem ser entendidos. A escolha do melhor vai depender do propósito que se tem. As teóricas feministas partilham o propósito geral de se opor ao domínio masculino, mas temos muitos outros propósitos específicos. Estes últimos variam com a tarefa intelectual do momento e com os contextos institucionais e políticos nos quais trabalhamos. Quando abraçamos diferentes tarefas em diferentes contextos, precisamos ser capazes de apropriar e descartar diferentes instrumentos teóricos. Também precisamos dar espaço a nossas diferenças mútuas. Isso requer que pratiquemos genealogia, por exemplo, de um modo que não pressuponha os tipos de compromissos ontológicos que impediriam a crítica normativa de iniquidades procedurais em esferas públicas. Demanda ainda que façamos crítica normativa e história "de baixo", de modo a não impedir a genealogia.[8] Em geral, concepções de discurso, assim como

---

8 Minha intenção aqui é rejeitar a oposição Joan Scott *versus* Linda Gordon como outra falsa antítese. Ambas as historiadoras fizeram trabalhos extremamente importantes, mas nenhuma me parece o melhor juiz dos méritos da outra, nem das questões filosóficas que as dividem. Para minhas opiniões sobre Scott, ver Nancy Fraser, "Review of Linda Nicholson, *Gender and History*, e Joan W. Scott,

Seyla Benhabib • Judith Butler • Drucilla Cornell • Nancy Fraser

concepções de subjetividade, devem ser tratadas como instrumentos, não como propriedade de seitas metafísicas em guerra.

Uma tal abordagem pragmática não necessariamente impõe a capitulação ao positivismo, como insinuou Drucilla Cornell. Como já foi notado, sua premissa é, na verdade, a visão de que os fenômenos sociais contêm uma dimensão significante irredutível e não podem ser entendidos de forma objetiva.[9] Mas uma abordagem pragmática deixa explícito o que já vimos: fenômenos discursivos podem ser abordados produtivamente de vários ângulos diferentes, dependendo da situação e objetivos de cada um.

Também não procede, como sugere Seyla Benhabib, que tal abordagem pragmática seja do tipo Poliana. Ela é fundamentada, na verdade, numa apreciação sóbria da magnitude das tarefas que enfrentamos como feministas e da insuficiência de qualquer abordagem pura utilizada sozinha. Além disso, nunca sugeri que seria fácil criar uma nova síntese. Minha primeira contribuição a este volume argumentava que era possível, em princípio, romper algumas das diferenças entre Butler e Be-

---

Gender and the Politics of History, *NWSA Journal*, v.2, n.3, p.505-508, 1990. Para minhas próprias tentativas de uma genealogia que evita emaranhados incapacitantes, num ensaio escrito em cooperação com Gordon, ver Nancy Fraser e Linda Gordon, "A Genealogy of 'Dependency'", *Signs*, v.19, n.2, p.309-336, 1994.

9 O principal impulso polêmico de meu trabalho sobre interpretação da necessidade, esfera pública e a construção discursiva do "bem--estar" e da "dependência" é me opor à ciência social positivista tradicional, que materializa a dimensão discursiva. Ver, por exemplo, Fraser (1989); "Rethinking the Public Sphere" (op. cit.); "Clintonism, Welfare and the Antisocial Wage" (op. cit.); e "A Genealogy of 'Dependency'" (op. cit.).

Debates feministas

nhabib com a criação, por exemplo, de novos entendimentos de subjetividade. Frente a um debate desnecessariamente polarizado, procurei salvaguardar o espaço conceitual em que tal trabalho teórico pudesse ser feito e indicar alguns parâmetros do problema. Não tive a intenção de minimizar as dificuldades. Aqui também procurei distinguir falsas antíteses de contradições genuínas. Mais uma vez sugeri que aspectos do feminismo habermasiano podem ser coerentemente combinados com aspectos do feminismo foucaultiano. Mas não afirmei que qualquer teoria vá funcionar. Ao contrário, argumentei que pontos centrais de pelo menos uma versão do feminismo lacaniano/derrideano não deveriam ser acomodados na mistura. Pois eles trabalham contra alguns objetivos feministas decisivos.

Ainda está para ser visto, é claro, como vai se desenvolver precisamente uma teoria feminista eclética, neopragmática. Parece claro que ela *deve* ser desenvolvida – e que *está* sendo desenvolvida. Mas sua elaboração concreta é uma tarefa coletiva para um movimento político e intelectual.

Referências bibliográficas

ADORNO, T. *Negative Dialectics*. Trad. E. B. Ashton. Londres: Continuum Press, 1973. [Ed. bras.: *Dialética negativa*. Trad. Marco Casanova. Rio de Janeiro: Zahar, 2009.]

ANZALDUA, G. *La Frontera/Borderlands*. São Francisco: Spinsters Ink, 1988.

APEL, K. Demokratie und Differenz. In: BRUMLIK, M.; BUNKHORST, H. (eds.). *Gemeinschaft und Gerechtigkeit*. Frankfurt: Fischer, 1993.

BAUDRILLARD, J. *Simulations*. Los Angeles: Semiotext(e), 1983. [Ed. port.: *Simulacros e simulações*. Lisboa: Relógio D'Água, 1991.]

BAYNES, K.; BOHMAN, J.; MCCARTHY, T. (eds.). *After Philosophy*: End or Transformation? Cambridge: The MIT Press, 1987.

BEAUVOIR, S. de. *The Second Sex*. Trad. H. M. Parshley. Nova York: Random House, 1974 [Paris: Alfred A. Knopf, 1952.] [Ed. port.: *O segundo sexo*. Lisboa: Quetzal, 2015.]

_____. *Letters to Sartre*. Ed. e trad. Quentin Hoare. Nova York: Arcade Publishers, 1993.

BENHABIB, S. *Critique, Norm and Utopia*: a Study of the Foundations of Critical Theory. Nova York: Columbia University Press, 1986.

_____. Models of Public Space: Hannah Arendt, the Liberal Tradition, and Jürgen Habermas. In: CALHOUN, C. (ed.). *Habermas and the Public Sphere*. Cambridge: The MIT Press, 1991.

BENHABIB, S. *Situating the Self*: Gender, Community and Postmodernism in Contemporary Ethics. Nova York: Routledge, 1992.
_____. et al. *Der Streit um Differenz*. Frankfurt: Fischer, 1994.

BENJAMIN, J. *The Bonds of Love, Psychoanalysis, Feminism and the Problem of Domination*. Nova York: Pantheon Books, 1988.

BENNINGTON, G.; MASSUMI, B. *The Postmodern Condition*: a Report on Knowledge. Minneapolis: University of Minnesota Press, 1984.

BHABHA, H. *The Location of Culture*. Nova York: Routledge, 1994. [Ed. bras.: *Local da cultura*. Belo Horizonte: UMFG, 2003.]

BRAIDOTTI, R. *Patterns of Dissonance*: a Study of Women in Contemporary Philosophy. Trad. Elizabeth Guild. Londres: Polity Press, 1991.

BRENNAN, T. (ed.). *Between Feminism and Psychoanalysis*. Nova York: Routledge, 1989. _____. *History after Lacan*. Nova York: Routledge, 1993.

BRIDENTHAL, R.; KOONZ, C.; STUARD, S. (eds.). *Becoming Visible*: Women in European History. Boston: Houghton Mifflin Co., 1987.

BRONFEN, E. Femininity: Missing in Action. In: *Over Her Dead Body*: Death, Femininity and the Aesthetic. Nova York: Routledge, 1992.

BUTLER, J. *Gender Trouble*: Feminism and the Subversion of Identity. Nova York: Routledge/Chapman and Hall, 1990. [Ed. bras.: *Problemas de gênero*: feminismo e subversão da identidade. Trad. Renato Aguiar. Rio de Janeiro: Civilização Brasileira, 2003.]

_____. *Bodies That Matter*: on the Discursive Limits of "Sex". Nova York: Routledge, 1993a.

_____. Endangered/Endangering: Schematic Racism and White Paranoia. In: GOODING-WILLIAMS, R. (ed.). *Reading Rodney King, Reading Urban Uprising*. Nova York: Routledge, 1993b.

CALHOUN, C. (ed.). *Habermas and the Public Sphere*. Cambridge: The MIT Press, 1991.

CARDINAL, M. *Words to Say It*. Trad. Pat Goodheart. Paris: Van Vactor e Goodheart, 1984.

CHODOROW, N. *Feminism and Psychoanalytic Theory*. New Haven/Londres: Yale University Press, 1989.

Debates feministas

CONNOLLY, W. *Political Theory and Modernity*. Madison: University of Wisconsin Press, 1988.

CORNELL, D. *Beyond Accommodation*. Ethical Feminism, Deconstruction and the Law. Nova York: Routledge, 1991.

_____. Gender, Sex, and Equivalent Rights. In: BUTLER, Judith; W. SCOTT, Joan (eds.). *Feminists Theorize the Political*. Nova York: Routledge, 1992a.

_____. *The Philosophy of the Limit*. Nova York: Routledge, 1992b.

_____. *Transformations*: Sexual Difference and Recollective Imagination. Nova York: Routledge/Chapman and Hall, 1993.

_____. *The Imaginary Domain*: Abortion, Pornography & Sexual Harassment. Nova York: Routledge, 1995.

CORNELL, D.; THURSCHWELL, A. Feminism, Negativity, Inter-subjectivity. In: BENHABIB, Seyla; CORNELL, Drucilla (eds.). *Feminism as Critique*. Minnesota: Polity Press, 1987. [Ed. bras.: *Feminismo como crítica da modernidade*. Rio de Janeiro: Rosa dos Tempos, 1987.]

D'ENTREVES, M. P.; BENHABIB, S. (eds.). *Habermas and the Unfinished Project of Modernity*. Critical Essays on The Philosophical Discourse of Modernity. Londres: Polity Press, 1994.

DERRIDA, J. *Dissemination*. Trad. Barbara Johnson. Chicago: University of Chicago Press, 1981. [Paris: Editions du Seuil, 1972.]

_____. Le Facteur de la Verité. In: *The Post Card:* from Socrates to Freud and Beyond. Trad. Alan Bass. Chicago: University of Chicago Press, 1982. [Ed. bras.: *O cartão-postal*: de Sócrates a Freud e além. Trad. Simone Perelson e Ana Valeria Lessa. Rio de Janeiro: Civilização Brasileira, 2007.]

_____. *Glas.* Trad. John P. Leavey Jr. e Richard Rand. Lincoln: University of Nebraska Press, 1986. [Paris: Editions Galilée, 1974.]

_____. Choreographies: an Interview with Christie V. MacDonald. In: MACDONALD, C. (ed.). *The Ear of the Other:* Otobiography, Transference, Translation. Lincoln: University of Nebraska Press, 1989.

DESCOMBES, V. *Modern French Philosophy*. Nova York: Cambridge University Press, 1980.

Seyla Benhabib • Judith Butler • Drucilla Cornell • Nancy Fraser

DI STEFANO, C. Dilemmas of Difference: Feminism, Modernity and Postmodernism. In: NICHOLSON, Linda (ed.). *Feminism/Postmodernism*. Londres/Nova York: Routledge, 1990.

EISENSTADT, S. N. (ed.). *Patterns of Modernity*: The West. Nova York: New York University Press, 1987. v.1.

ERIKSON, E. H. *Childhood and Society*. Nova York: Norton, 1963.

FELSKI, R. *Beyond Feminism Aesthetics*. Cambridge: Harvard University Press, 1989.

FISH, S. Convention and Critique. In: *Transformations*. Nova York: Routledge, 1993.

FLAX, J. *Thinking Fragments:* Psychoanalysis, Feminism and Postmodernism in the Contemporary West. Berkeley: University of California Press, 1990.

FOUCAULT, M. *The History of Sexuality*. An Introduction. Trad. Robert Hurley. Nova York: Random House, 1980. v.1. [Ed. bras.: *História da sexualidade*: vontade de saber. Trad. Maria Thereza da Costa Albuquerque. Rio de Janeiro: Paz e Terra, 2014. v.1.]

FRASER, N. *Unruly Practices:* power and Gender in Contemporary Social Theory. Minneapolis: University of Minnesota Press, 1989.

_____. Rethinking the Public Sphere: a Contribution to the Critique of Actually Existing Democracy. In: CALHOUN, C. (ed.). *Habermas and the Public Sphere*. Cambridge: The MIT Press, 1991.

_____; BARTKY, S. (eds.). *Revaluing French Feminism:* Critical Essays on Difference, Agency and Culture. Bloomington: Indiana University Press, 1992.

FREUD, S. *Civilization and its Discontents.* Trad. James Strachey. Nova York: W.W. Norton and Company, 1989. [Ed. bras.: *O mal-estar na civilização*. Trad. Paulo Cesar de Souza. São Paulo: Penguin/Companhia das Letras, 2011, col. Grandes Ideias.]

GADOL, J. K. *Women, History and Theory.* Chicago: University of Chicago Press, 1984.

GEYER-RYAN, H. *Fables of Desire.* Cambridge: Polity Press, 1994.

GILROY, P. *The Black Atlantic.* Cambridge: Harvard University Press, 1993. [Ed. bras.: *O Atlântico negro*: modernidade e dupla consciência. Trad. Cid Knipel Moreira. São Paulo: Editora 34, 2001.]

GORDON, L. *Heroes of Their Own Lives:* the Politics and History of Family Violence. Nova York: Penguin Books, 1988.

HANSEN, M. *Babel and Babylon:* Spectatorship in American Silent Film. Cambridge: Harvard University Press, 1991.

HARDING, S.; HINTIKKA, M. (eds.). *Discovering Reality, Feminist Perspectives on Epistemology, Metaphysics, Methodology and Philosophy of Science.* Dordrecht: Reidel Publishers, 1983.

HEGEL, G. W. F. The *Philosophy of History.* Trad. J. Sibree e Introd. C. J. Friedrich. Nova York: Dover Publications, 1956.

HEIDEGGER, M. *On Time and Being.* Trad. Joan Stambaugh. Nova York: Harper & Row, 1972. [Ed. bras.: *Ser e tempo.* 7.ed. São Paulo: Vozes, 2018, col. Pensamento Humano.]

HELLER, T. C.; SOSNA, M.; WELLBERY, D. (eds.). *Reconstructing Individualism:* Autonomy, Individuality and the Self in Western Thought. Stanford: Stanford University Press, 1986.

HIGGINBOTHAM, E. B. *Righteous Discontent:* the Women's Movement in the Black Baptist Church, 1880-1920. Cambridge: Harvard University Press, 1993.

HONNETH, A. *Kritik der Macht.* Reflexionsstufen einer kritischen Gesellschaftstheorie. Frankfurt: Suhrkampf, 1985. [*The Critique of Power.* Reflective Stages in a Critical Social Theory. Trad. Kenneth Bayne. Cambridge: The MIT Press, 1992.]

hooks, b. *Black Looks:* Race and Representation. Boston: South End Press, 1992.

IRIGARAY, L. *Speculum of the Other Woman.* Trad. Gillian C. Gill. Ithaca: Cornell University Press, 1985.

JAMES, C. R. L. *The Black Jacobins.* UK: Secker & Warburg Ltd., 1938. [Ed. bras.: *Os jacobinos negros:* Toussaint L'Overture e a revolução de São Domingos. Trad. Afonso Teixeira Filho. São Paulo: Boitempo, 2000.]

KRISTEVA, J. The System and the Speaking Subject. In: MOI, T. (ed.) *The Kristeva Reader.* Nova York: Columbia University Press, 1986.

_____. *Black Sun:* Depression and Melancholy. Nova York: Columbia University Press, 1989.

Seyla Benhabib • Judith Butler • Drucilla Cornell • Nancy Fraser

LACLAU, E.; MOUFFE, C. *Hegemony and Socialist Startegy*. Londres: Verso, 1986. [Ed. bras.: *Hegemonia e estratégia socialista*: por uma política democrática radical. Trad. Joanildo A. Burity, Josias de Paula Jr. e Aécio Amaral. São Paulo: Intermeios, 2015.]

LANDES, J. B. *Women and the Public Sphere in the Age of the French Revolution*. Ithaca: Cornell University Press, 1988.

LAURETIS, T. de. *Alice Doesn't:* Feminism, Semiotics, Cinema. Bloomington: Indiana University Press, 1984.

LE GUIN, U. K. *The Left Hand of Darkness*. Nova York: Ace Books, 1969. [Ed. bras.: *A mão esquerda da escuridão*. 2.ed. Trad. Susana Alexandria. São Paulo: Aleph, 2014.]

_____. *The Dispossessed*. Nova York: HarperCollins, 1974. [Ed. bras.: *Os despossuídos*. Trad. Susana Alexandria. São Paulo: Aleph, 2017.]

LÉVINAS, E. *Totality and Infinity:* an Essay on Exteriority. Trad. Alphonso Lingis. Pittsburgh: Duquesne University Press, 1969. [Ed. port.: *Totalidade e infinito*. 3.ed. Lisboa: Edições 70, 2011.]

_____. The Ethical, Political, and Juridical Significance of the End Man. In: *The Philosophy of the Limit*. Nova York: Routledge, 1991.

LLOYD, G. *The Man of Reason*: Male and Female Western Philosophy. Minneapolis: University of Minnesota Press, 1984.

LUKÁCS, G. *History and Class Consciousness*. Trad. Rodney Livingstone. Londres: The Merlin Press, 1971. [Ed. bras.: *História e consciência de classe*: estudos sobre a dialética marxista. São Paulo: Martins Fontes, 2003.]

LYOTARD, J.-F. *The Postmodern Condition*. Trad. G. Bennington e Brian Massumi. Minneapolis: University of Minnesota Press, 1984. [Ed. bras.: *A condição pós-moderna*. Trad. Ricardo Correa Barbosa. Rio de Janeiro: José Olympio, 2018.]

_____. *The Differend:* Phrases in Dispute. Trad. Georges Van Den Abbeele. Minneapolis: University of Minnesota Press, 1988.

MACKINNON, C. *Feminism Unmodified:* Discourses on Life and Law. Cambridge: Harvard University Press, 1987.

_____. *Toward a Feminist Theory of the State*. Cambridge: Harvard University Press, 1989.

MARCUS, S. Fighting Bodies, Fighting Words: a Theory and Politics of Rape Prevention. In: BUTLER, J.; SCOTT, J. W. (eds.). *Feminism Theorize the Political*. Nova York: Routledge, 1992.

MCCARTHY, T. The Critique of Impure Reason: Foucault and the Frankfurt School. In: *Ideals and Illusions*. On Reconstruction and Deconstruction in Contemporary Critical Theory. Cambridge: The MIT Press, 1991.

MEMMI, A. *The Colonizer and the Colonized*. Boston: Beacon Press, 1965. [Ed. bras.: *Retrato do colonizado precedido pelo retrato do colonizador*. Rio de Janeiro: Civilização Brasileira, 2007.]

MITCHELL, J.; ROSE, J. (eds.). *Feminine Sexuality:* Jacques Lacan and the Ecole Freudienne. Trad. Jacqueline Rose. Nova York: W.W. Norton and Company, 1985.

MORRISON, T. *Beloved.* Nova York: Penguin Books, 1987. [Ed. bras.: *Amada*. Trad. José Rubens Siqueira. São Paulo: Companhia das Letras, 2011.]

NAGL-DOCEKAL, H. (ed.). *Feministische Philosophie*. 2.ed. Oldenbourg: Wissenschaftsverlag, 1994 [1990].

NANCY, J.-L.; LACOU-LABARTHE, P. Le retrait du politique. In: *Le Retrait du Politique*: travaux du Centre de recherches philosophiques sur le politique. Paris: Editions Galilée, 1983.

NANDY, A. *The Intimate Enemy*: Loss and Recovery of Self under Colonialism. New Delhi: Oxford University Press, 1983.

NICHOLSON, L. J. *Gender and History:* the Limits of Social Theory in the Age of the Family. Columbia: University Press, 1986.

_____ (ed.). *Feminism/Postmodernism*. Nova York: Routledge, 1989.

NIETZSCHE, F. *The Genealogy of Morals*. Nova York: Gordon Press, 1974. [Ed. bras.: *A genealogia da moral*. Trad. Mário Ferreira dos Santos. Petrópolis: Vozes, 2009.]

OBEYESEKERE, G. *The Work of Culture:* Symbolic Transformation in Psychoanalysis and Anthropology. Chicago: University of Chicago Press, 1990.

OKIN, S. *Justice, Gender, and the Family*. Nova York: Basic Books, 1999.

Seyla Benhabib • *Judith Butler* • *Drucilla Cornell* • *Nancy Fraser*

PEIRCE, C. *The Collected Papers of Charles Sanders Peirce*. Cambridge: The Belknap Press, Harvard University Press, 1960. v.I-II.

RAWLS, J. *A Theory of Justice*. Cambridge: The Belknap Press, 1971. [Ed. bras.: *Uma teoria da justiça*. 4.ed. Trad. Jussara Simões. São Paulo: Martins Fontes, 2016, col. Justiça e Direito.]

_____. *Political Liberalism*. Nova York: Columbia University Press, 1993. [Ed. bras.: *O liberalismo político*. Trad. Dinah de Abreu Azevedo. Brasília: Instituto Teotônio Vilela, 2000, col. Pensamento Social--Democrata.]

RILEY, D. *Am I That Name?* Feminism and the Category of "Woman" in History. Nova York: Macmillan, 1988.

ROIPHE, K. *The Morning After*: Sex, Fear and Feminism on Campus. Nova York: Random House, 1993.

RORTY, R. *Philosophy and the Mirror of Nature*. Princeton: Princeton University Press, 1979. [Ed. bras.: *A filosofia e o espelho da natureza*. Rio de Janeiro: Relume Dumará, 1994.]

ROSE, J. *Sexuality in the Field of Vision*. Londres: Verso, 1986.

RYAN, M. P. *Women in Public*: Between Banners and Ballots, 1825-1880. Baltimore: The Johns Hopkins University Press, 1990.

SANFORD, N. *Self and Society*. Oxford/Nova York: Routledge, 1966.

SARGENT, L. (ed.). *Women and Revolution*: a Discussion of the Unhappy Marriage of Marxism and Feminism. Boston: South End Press, 1981.

SCOTT, J. W. *Gender and the Politics of History*. Nova York: Columbia University Press, 1988.

_____. *The Situated Self*. Nova York: Routledge/Chapman and Hall, 1992.

SHKLAR, J. N. *Legalism*: an Essay on Law, Morals and Politics. Cambridge: Harvard University Press, 1964.

SPIVAK, G. C. Can the Subaltern Speak? In: NELSON; C.; GROSSBERG, L. (eds.). *Marxism and the Interpretation of Culture*. Chicago: University of Illinois Press, 1988.

WALKER, A. *Possessing The Secret of Joy*. Orlando: Harcourt Brace Jovanovich, 1992.

Debates feministas

WALZER, M. *Spheres of Justice*: a Defense of Pluralism and Equality. Nova York: Basic Books, 1983. [Ed. bras.: *Esferas da justiça*: uma defesa do pluralismo e da igualdade. São Paulo: Martins Fontes, 2003.]

_____. *Interpretation and Social Criticism*. Cambridge: Harvard University Press, 1987.

WHITEBOOK, J. *Perversion and Utopia*: a Study in Psychoanalysis and Critical Theory. Cambridge: The MIT Press, 1995.

WITTGENSTEIN, L. *Philosophical Investigations*. Trad. G. E. M. Anscombe. Oxford: Basil Blackwell, 1968. [Ed. bras.: *Investigações filosóficas*. 9.ed. Petrópolis: Vozes, 2017, col. Pensamento Humano.]

WOLF, N. *Fire with Fire:* the New Female Power and How it Will Change the 21st Century. Nova York: Random House, 1993. [Ed. bras.: *Fogo com fogo*: o novo poder feminino e como o século XXI será afetado por ele. Trad. Waldea Barcellos. Rio de Janeiro: Rocco, 1996.]

YOUNG, I. Impartiality and the Civic Public: Some Implications of Feminist Criticisms of Modern Political Theory. In: BENHABIB, Seyla; CORNELL, Drucilla (eds.). *Feminism as Critique*: Essays on the Politics of Gender in Late-Capitalism. Oxford: Basil Blackwell, 1987. [Ed. bras.: *Feminismo como crítica da modernidade*. Rio de Janeiro: Rosa dos Tempos, 1987.]

ZARETSKY, E. *Capitalism, the Family and Personal Life*. Nova York: Harper & Row, 1986.

Índice remissivo

A

Adorno, Theodor, 66, 112n.14, 184, 216, 221, 229

Aids, em mulheres afro-americanas, 119n.1, 125n.11, 158

Alcoff, Linda, 39

Allegories of Reading (de Man), 199

Ankersmit, F. R., 174

Anzaldua, Gloria, 83

Atlântico negro, O (Gilroy), 190

Austin, J. L., 199

B

Bakhtin, Mikhail, 234

Beloved (Morrison), 230, 231

Benhabib, Seyla
Butler responde a, 189-213
como palestrante do simpósio Greater Philadelphia Philosophy Consortium (1990), 9-11
Cornell discute, 216, 220-222, 225
discute Butler, 42, 163-173, 165n.2, 176, 180, 186-187
discute Cornell, 166n.4, 173, 181-187, 182n.19
discute Fraser, 45, 50, 167, 167n.4, 173-174, 174n.10, 177n.12
discute Nicholson, 45-46, 50, 173-174
Fraser discute, 235, 238-239, 242n.2, 246, 250, 252-253
Fraser responde a, 93-115, 238, 246
Nicholson discute, 11-13, 16-18, 22-26, 30-31
sobre feminismo e pós-modernismo, 11-13, 35-59, 163-187
sobre Flax, 36, 40, 48

Seyla Benhabib • Judith Butler • Drucilla Cornell • Nancy Fraser

sobre Foucault, 167-169n.5, 177-178, 178n.14
sobre Gordon, 175
sobre Lacan, 182-184, 182n.19
sobre Lovibond, 50-51
sobre Lyotard, 164
sobre Nietzsche, 42-43
sobre Rorty, 49
sobre Scott, 175
sobre Wolfe, 171n.7
Benjamin, Jessica, 182
Benjamin, Walter, 221
Bodies That Matter (Butler), 208, 243
Bourdieu, Pierre, 234
Braidotti, Rosi, 43n.5
Brennan, Teresa, 222n.4
Butler, Judith, 136
  Benhabib discute, 42, 163, 165-173, 165n.2, 166n.4, 176, 180, 186-187
  como palestrante no simpósio Greater Philadelphia Philosophy Consortium (1990), 9
  Cornell discute, 215-216, 224
  Fraser discute, 235, 240-247, 241n.1, 245-246n.3, 250
  Fraser responde a, 93-115
  Nicholson discute, 13-17, 19, 22-31
  responde a Benhabib, 189-213
  responde a Cornell, 189, 195, 211-213
  responde a Fraser, 189-213

sobre feminismo e pós-modernismo, 61-92
sobre Foucault, 88
sobre Gilroy, 190, 192
sobre Gordon, 204
sobre Guerra do Golfo, 73-79
sobre Scott, 204-205
sobre Wittig, 88

C
Camus, Albert, 54
Cardinal, Marie
  sobre Cornell, 127n.14
Caso Bowers v. Hardwick, 181, 181n.18
Chodorow, Nancy, 58, 182
Cixous, Hélène, 64
Congresso Nacional Africano, 103
Cornell, Drucilla, 9
  Benhabib discute, 166n.4, 173, 180-186, 182n.19
  Butler responde a, 189, 195, 211-213
  discute Benhabib, 216, 220-222, 225
  discute Butler, 215-216
  discute Fraser, 216-220
  Fraser discute, 233-253
  Nicholson discute, 19-21, 28-31
  sobre Cardinal, 127n.14-15
  sobre Derrida, 124, 139, 152-156, 155n.53, 223, 230

Debates feministas

sobre feminismo ético, 117-160
sobre Fish, 122n.5
sobre Freud, 121-122n.3
sobre Habermas, 120n.2, 132
sobre Hammonds, 119n.1, 158-159
sobre Kelly, 118n.1
sobre Lacan, 117, 140-160, 223, 226-229
sobre Le Guin, 123n.5, 155
sobre MacKinnon, 135
sobre Morrison, 230-231
sobre Rawls, 120n.2, 132-133
sobre Scott, 225-227
sobre Spivak, 153n.51
sobre tempo do feminismo, 215-231
sobre Walker, 223-225, 229
sobre Wittgenstein, 121, 154-155, 157, 218

D

de Beauvoir, Simone, 137
de Gouges, Olympe, 56
de Man, Paul, 199
Derrida, Jacques, 20-21, 29, 45, 48, 64, 184, 233-235, 246, 248, 253
Butler discute, 200
Cornell discute, 124, 139, 151-156, 155n.53, 216, 221-223, 230
Fraser discute, 234-235, 246, 248, 253
Descartes, René, 38

Diotima, 56
The Dispossessed (Le Guin), 155
Dissemination (Derrida), 224

F

Fables of Desire (Geyer-Ryan), 192
Fenomenologia do espírito (Hegel), 48
Fish, Stanley
Cornell discute, 122n.5
Flax, Jane, 11, 222
Benhabib discute, 36, 40
Foucault, Michel, 16, 19, 39, 39n.2, 44, 64, 74-75, 82, 164, 234, 240, 243, 253
Benhabib discute, 167-168n.5, 177-178, 178n.14
Butler discute, 88, 201n.4, 206-207
Fraser discute, 234, 240, 243, 253
The Four Fundamental Concepts of Psychoanalysis (Lacan), 202
Fraser, Nancy
Benhabib discute, 45, 47, 50, 166-167n.4, 167, 173-174, 174n.10, 177n.12
Butler responde a, 189-213
como palestrante no simpósio Greater Philadelphia Philosophy Consortium (1990), 9
Cornell discute, 216-220
discute Benhabib, 235, 238-240, 242n.2, 246, 250, 252
discute Butler, 234, 241n.1, 240-247, 245n.3, 250

Seyla Benhabib • Judith Butler • Drucilla Cornell • Nancy Fraser

discute Cornell, 234-252, 249n.5
discute Nicholson, 97-101, 104
Nicholson discute, 16-19, 26, 29-30
responde a Benhabib, 93-115, 238, 246
responde a Butler, 93-115
sobre Derrida, 234-235, 246-248, 253
sobre Foucault, 234, 240, 243, 253
sobre Lacan, 234-235, 246-248
sobre pragmatismo, feminismo e linguística, 233-253
Freud, Sigmund
Cornell discute, 121-122n.3, 125n.9, 221n.3, 228

G

Gender and the Politics of History (Scott), 82
Gender Trouble: Feminism and the Subversion of Identity (Butler), 23, 106n.10, 166-167, 166-167n.4-5, 170
Genealogia da moral (Nietzsche), 198
Geyer-Ryan, Helga, 192
Gilligan, Carol, 58, 84
Gilroy, Paul
Butler discute, 190-191
Glas (Derrida), 230
Goffman, Erving, 166, 199
Gordon, Linda
Benhabib discute, 175-180

Butler discute, 204
Fraser discute, 251-252n.7
Guerra do Golfo
Butler discute, 73-79, 107n.11
Nicholson discute, 15, 28

H

Habermas, Jürgen, 39, 52n.12, 169n.5, 183, 205-206, 221, 234, 238, 242n.2, 253
Cornell discute, 132
Hammonds, Evelynn
Cornell discute, 119n.1, 158
Hegel, G. W. F., 38, 38-39n.1, 48, 66
Heidegger, Martin, 48
Heroes of Their Own Lives: the Politics and History of Family. Violence (Gordon), crítica de Scott de, 176
Hipátia, 56
Hobbes, Thomas, 48
Horkheimer, Max, 216
How to Do Things with Words (Austin), 199
Hussein, Saddam, 187
Husserl, Edmund, 151

I

Irigaray, Luce, 64, 73, 211

K

Kant, Immanuel, 38, 48, 120n.2, 131-133
Kelly, M. Patricia Fernandez
Cornell discute, 118-119n.1

King, Rodney, 243

Kolberg, 133

Kristeva, Julia, 58, 64, 241n.1, 244

L

Lacan, Jacques, 20-21, 29-30, 64, 117, 180, 182-184, 202, 211-212
    Benhabib discute, 180-182
    Cornell discute, 180-182
    Fraser discute, 234-235, 246-248, 253

The Left Hand of Darkness (Le Guin), 123n.5

Le Guin, Ursula K.
    Cornell discute, 123n.5, 155

Lévinas, Emmanuel, 128n.17, 139n.38, 184, 216, 229

Limited, Inc., 199

Lovibond, Sabina
    Benhabib discute, 50-51

Luhmann, Niklas, 129

Luxemburgo, Rosa, 56

Lyotard, Jean-François, 44, 46, 52n.12, 57, 101, 233
    Butler discute, 65

M

MacKinnon, Catharine, 196
    Cornell discute, 134

Madonna, 237

Martin, Biddy
    Butler discute, 64

Marxismo, 96
    Benhabib discute, 35, 179

McCarthy, Thomas
    Fraser discute, 99n.5

Memmi, Albert, 81

Morrison, Toni
    Cornell discute, 230-231

N

Nicholson, Linda, 9-31, 208-209
    Benhabib discute, 45-47, 50, 173-174
    discute Benhabib, 11-13, 16-19, 22-25, 30
    discute Butler, 13-17, 19, 22-28, 31
    discute Cornell, 19-21, 28-30
    discute Fraser, 16-19, 25, 29-30
    Fraser discute, 97-101, 104
    sobre Guerra do Golfo, 15, 28

Nietzsche, Friedrich, 130, 189, 195, 198-199
    Benhabib discute, 42-43

O

Obeyesekere, Gananath, 142n.41

P

Paris Is Burning, 244

Peirce, Charles, falibilismo e devaneio [*musement*], 19, 128

Philosophy and the Mirror of Nature (Rorty), 49

Platão, 38

Possessing the Secret of Joy (Walker), 223

Powell, Colin, 75

Seyla Benhabib • Judith Butler • Drucilla Cornell • Nancy Fraser

R

Rawls, John
Cornell discute, 120-121n.2, 132-133
Fraser discute, 102n.8
Retrato do colonizado precedido pelo retrato do colonizador (Memmi), 81
Rorty, Richard, 64, 101
Benhabib discute, 49, 52n.12
Ruddick, Sarah, 58

S

Sartre, Jean-Paul, 240
Saussure, Ferdinand de, 228, 244
Scott, Joan W., 26, 30, 47n.8, 82
Benhabib discute, 175-179
Butler discute, 204
Fraser discute, 251n.7
Sen, Amartya, 183
Simpósio sobre feminismo e pós-modernismo Greater Philadelphia Philosophy Consortium (1990), 9
Situating the Self: Gender, Community, and Postmodernism (Benhabib), 186
Spivak, Gayatri Chakravorty, 83
Cornell discute, 155n.53

T

Thinking Fragments, Psychoanalysis, Feminism and Postmodernism in the Contemporary West (Flax), 36
Thoreau, Henry David, 54
Toussaint L'Ouverture, Pierre, 18, 110, 210, 242n.2

W

Walker, Alice
Cornell discute, 223-224, 229
Walzer, Michael, 52, 53n.13, 102
Weber, Max, 177n.12, 183
White, Byron (Suprema Corte), 181n.18, 185
Wittgenstein, Ludwig, 21
Cornell discute, 121-122, 154-155, 157
Wittig, Monique, 16
Butler discute, 88
Wolfe, Alan
Benhabib discute, 171n.7
Words to Say It (Cardinal), 127n.14
Wranke, Georgia, 53n.13

Z

Žižek, Slavoj, 245

SOBRE O LIVRO

Formato: 14 x 21 cm
Mancha: 23 x 44 paicas
Tipologia: Venetian 301 12,5/16
Papel: Off-white 80 g/m² (miolo)
Cartão Supremo 250 g/m² (capa)
1ª edição Editora Unesp: 2018

EQUIPE DE REALIZAÇÃO

Capa
Negrito Editorial

Edição de texto
Arlete Sousa (Copidesque)
Fábio Fujita (Revisão)

Editoração eletrônica
Eduardo Seiji Seki (Diagramação)

Impressão e acabamento